U0124351

国家科学技术学术著作出版基金资助出版

“一带一路”
沿线中国企业海外社会责任

贾　明　著

本书受到国家自然科学基金重点项目（“一带一路”沿线中国企业海外社会责任决策机制、行为与国际影响研究，项目批准号：71932007）和西北工业大学精品学术著作培育项目资助出版

科学出版社
北　京

内 容 简 介

随着“一带一路”倡议成为新时代中国企业“走出去”的指引，越来越多中国企业开始在海外开拓业务，但同时也面临诸多利益相关者的挑战，威胁企业在海外的可持续发展。企业履行社会责任是回应利益相关者诉求的重要方式之一，将企业海外社会责任融入“走出去”的全过程成为实现可持续发展的必由之路。基于此，本书从“一带一路”沿线中国企业“走出去→走下去→走进去→走上去”这一海外可持续发展路径出发，瞄准各阶段关键点，针对性地构建企业海外社会责任决策机制，解决“是否做→如何做→怎么说→做得如何”等一系列核心问题。

本书旨在为中国企业在“一带一路”沿线履行海外社会责任提供理论指导，从而助力中国企业实现海外可持续发展、提升国际影响力，推进“一带一路”倡议。相信本书对相关领域的研究者和企业管理者开展工作有所帮助。

图书在版编目（CIP）数据

“一带一路”沿线中国企业海外社会责任 / 贾明著. —北京：科学出版社，2022.3

ISBN 978-7-03-071454-1

Ⅰ. ①一… Ⅱ. ①贾… Ⅲ. ①跨国公司–企业责任–社会责任–研究–中国 Ⅳ. ①F279.247

中国版本图书馆 CIP 数据核字（2022）第 023250 号

责任编辑：郝 悦/ 责任校对：刘 芳
责任印制：张 伟/ 封面设计：无极书装

科 学 出 版 社 出版
北京东黄城根北街 16 号
邮政编码：100717
http://www.sciencep.com
北京凌奇印刷有限责任公司 印刷
科学出版社发行 各地新华书店经销

*

2022 年 3 月第 一 版 开本：720 × 1000 1/16
2022 年11月第二次印刷 印张：10 1/4
字数：200 000

定价：126.00 元

（如有印装质量问题，我社负责调换）

前　言

在过去的十几年中，笔者一直专注于研究企业社会责任（corporate social responsibility，CSR）相关话题，关注的问题包括企业为何、如何履行社会责任和企业履行社会责任对利益相关者产生怎样影响，以及企业无良行为的动因和治理途径等，从而指导企业践行社会责任，协调企业与社会的关系，实现可持续和高质量发展，服务于建设美丽中国与构建和谐社会。

本书作为“企业社会责任”系列研究的一部分，也是笔者所主持的国家自然科学基金重点项目“‘一带一路’沿线中国企业海外社会责任决策机制、行为与国际影响研究”（项目批准号：71932007）的阶段性成果，主要围绕中国企业如何实现在“一带一路”沿线的可持续发展，针对企业在“走出去”各阶段面临的不同问题，探索最佳社会责任实践战略。

随着“一带一路”倡议成为新时代我国企业“走出去”的重要指引，越来越多中国企业开始在海外开拓业务，但同时也面临诸多挑战（如环境保护、社区关系、政府支持、劳工保护、法律遵守、习俗融入等）而危及企业与多维利益相关者间的关系，以致威胁企业海外的可持续发展。企业履行社会责任作为回应利益相关者诉求的重要方式之一，将企业海外社会责任融入“走出去”的全过程成为实现可持续发展的必由之路。

本书聚焦“一带一路”倡议下，中国企业“走出去”面临的新机遇与新挑战，解析中国企业海外社会责任的决策机制，构建“一带一路”沿线中国企业海外社会责任决策模型；揭示关键利益相关者对中国企业海外社会责任的诉求，提出中国企业在“一带一路”沿线履行社会责任的具体方式；识别多元利益相关者及其诉求之间的冲突，聚焦语言的战略性使用，提出中国企业海外社会责任沟通机制；构建企业海外社会责任的国际影响评价指标体系，建立基于利益相关者诉求满足和结构调整的企业海外社会责任动态决策机制。最终为中国企业在“一带一路”沿线国家开展业务过程中，选择最佳的社会责任执行和沟通方式以应对海外投资风险，提升中国企业的国际影响力，实现海外可持续发展提供指导。具体目标如下。

（1）揭示“一带一路”沿线中国企业海外社会责任的驱动因素，识别中国企业海外社会责任的内涵特征，构建融合母国、东道国及国际社会之间三位一体的海外社会责任标准体系，最终形成中国企业海外社会责任决策模型，指导中国企业“走出去”。

构建中国企业海外社会责任决策模型是研究“一带一路”沿线中国企业海外社会责任决策机制的关键。“一带一路”沿线下中国企业履行海外社会责任需要考虑来自母国、东道国、“一带一路”沿线其他国家和西方国家等众多利益相关者的诉求；同时也要结合母国、东道国和国际社会所建立的社会责任标准体系，来设计决策模型中需要考虑的主要参数，设定参数范围和构建约束条件；另外，当企业同时在多个东道国开展海外业务时，国家间的差异使得企业需要相应调整履行社会责任的方式，企业所考虑的决策变量（如社会责任的执行和沟通方式）也会有所不同，这增加了构建企业海外社会责任决策模型的难度。

（2）围绕“一带一路”沿线“走出去”的中国企业的现实需求和问题，通过识别海外关键利益相关者及其诉求，提出中国企业最佳海外社会责任实践内容和投入水平的决策机制，并分析“一带一路”沿线不同情境因素对中国企业海外社会责任最佳实践方式的影响，助力中国企业“走下去”。

中国企业在参与“一带一路”倡议过程中需要面对来自东道国、母国及其他国家的多维利益相关者。由于资源的有限性，企业只能优先满足对企业生存和发展起关键作用的利益相关者。这就需要建立一套行之有效、准确的关键利益相关者识别机制。只有有效识别出关键利益相关者及其诉求，才能指导中国企业选择恰当的社会责任履行方式和合理的投入水平，这也是构建中国企业海外社会责任执行机制，指导中国企业在海外履行社会责任以实现“走下去”战略目标的关键。

（3）针对“一带一路”沿线“走下去”的中国企业在实现与多元利益相关者合作共赢方面面临的困境，通过识别多维利益相关者及其诉求之间的冲突，发挥社会责任信息披露中语言选择的战略作用，构建中国企业海外社会责任沟通语言、时机和方式选择的决策机制，助力中国企业“走进去”。

中国企业融入“一带一路”沿线国家的进程中，需要面对多维利益相关者，回应其诉求并平衡诉求之间的冲突，这也凸显了社会责任沟通的重要性。然而，在面对错综复杂的多元沟通对象时如何选择最佳的社会责任沟通方式就成为企业需要考虑的重点问题。沟通的载体是语言。鉴于文本语言与图像语言在特征、作用机制和主要应用场景等方面均存在显著差异，如何结合多元利益相关者的诉求特征战略性地选择使用文本、图像和文本-图像复合语言将公司的社会责任信息呈现给利益相关者就成为企业海外社会责任沟通中的关键，这也关系到能否实现企业“走进去”的战略目标。

（4）聚焦提升“一带一路”沿线“走进去”的中国企业履行海外社会责任的国际影响，通过构建中国企业海外社会责任评价体系去评估利益相关者诉求满足水平和调整状况，引入利益相关者结构的动态调整视角，揭示中国企业海外社会责任的动态演化机制，助力中国企业"走上去"，实现海外可持续发展。

从企业角度来看，利益相关者的重要性并不是固定不变的。从合法性-影响力-紧急性三个维度出发，企业当期对利益相关者诉求的回应和利益相关者的满意度会影响公司感知到的该利益相关者的重要程度，从而改变企业需要应对的多元利益相关者结构。那么，如何准确有效地评估利益相关者的诉求满足水平和企业海外社会责任的国际影响力，识别出利益相关者的结构调整就成为构建具有动态演化能力的企业海外社会责任决策机制的关键，这也是保证企业在海外实现可持续发展，"走上去"的关键所在。

因此，本书对接国家重大发展需求，具有鲜明的需求导向、问题导向和目标导向。

（1）以"一带一路"倡议为背景研究我国企业如何"走出去"，具有鲜明的需求导向。

本书对接国家重大发展需求，围绕中国企业在"一带一路"沿线"走出去"过程中面临的重要现实问题，以中国企业海外社会责任履行为突破口，支撑中国企业在海外的可持续发展，进而助力国家发展。"走出去"战略是党中央、国务院根据经济全球化新形势和国民经济发展的内在需要做出的重大决策，而"一带一路"倡议成为新时代我国企业"走出去"的重大指引，要求我国企业积极发展与"一带一路"沿线国家的经济合作伙伴关系，共同打造政治互信、经济融合、文化包容的利益共同体、命运共同体和责任共同体。

（2）针对我国企业在"一带一路"沿线面临的新问题，解析我国企业如何履行海外社会责任，具有鲜明的问题导向。

现阶段中国企业在"一带一路"沿线投资过程中面临诸多风险，产生了诸如环保意识不足，造成东道国环境污染和破坏；与当地社区组织沟通不善等影响企业海外形象甚至危及企业在海外生存和发展的问题。在"一带一路"倡议下，遵循国际准则、履行海外社会责任是中国企业赢得经营合法性、提高海外竞争力和取得较好品牌美誉度，进而提升企业国际影响力的必由之路。因此，解析中国企业在"一带一路"沿线如何履行海外社会责任是解决这一系列问题的关键。

（3）突破现有关于中国企业海外社会责任研究匮乏的现状，独创性地构建中国企业海外社会责任决策框架。

本书以"走出去"的中国企业为分析对象，独创性地构建了指导"一带一路"沿线中国企业海外社会责任决策的理论框架。从"一带一路"沿线中国企业"走出去→走下去→走进去→走上去"这一海外可持续发展路径出发，瞄准各阶段关键点，针对性地构建企业海外社会责任决策机制，解决"是否做→如何做→怎么说→做得如何"等一系列核心问题。相关分析结论对接国家重大战略需求，解决企业实际问题，填补学科空白，具有重要的理论意义和实践应用价值。

完成以上研究工作，本书的创新之处主要体现在以下四个方面。

（1）构建中国企业海外社会责任决策模型，指导企业决策“是否做”。

现有关于企业海外社会责任决策机制的研究主要采用理论或者实证的分析方法，少有研究利用数学建模的方法来构建决策模型。特别是“一带一路”沿线中国企业履行海外社会责任所面临的环境与发达国家跨国公司在华履行社会责任所面对的环境是完全不同的，这就需要在构建决策模型时充分考虑情景因素的影响和决策目标的设定。本书通过分析影响中国企业海外社会责任的因素（模型参数）、梳理其实践项目（决策变量），并立足于已有社会责任标准体系（约束条件）来推导和构建中国企业海外社会责任决策模型。

（2）构建识别企业关键利益相关者的评价指标体系，指导企业决策“如何做”。

企业履行社会责任的目标就是满足利益相关者诉求，其前提就是能够识别出关键的利益相关者及其诉求。然而，在“一带一路”沿线经营的中国企业所面对的环境是错综复杂的，其中需要面对来自不同群体的多种多样的利益相关者，使得企业在制定海外社会责任执行决策时面临巨大挑战。本书从这一现实困境出发，从“合法性-影响力-紧急性”这三个维度入手，通过构建各利益相关者重要性的评价指标体系，为企业识别关键利益相关者提供指导。这一指标体系的构建实际上也为后续研究“怎么说”和“做得如何”等关键问题提供支撑。

（3）揭示中国企业海外社会责任沟通的语言选择机制，指导企业决策“怎么说”。

现有关于企业社会责任沟通方面的研究主要是基于企业社会责任报告的整体质量，对企业社会责任报告的具体内容，特别是文本和图像语言使用方面的研究较少。本书融合战略性使用语言这一管理学领域的前沿理论，结合“一带一路”沿线中国企业履行海外社会责任过程中所需要面对的多维利益相关者，分别从回应单一利益相关者诉求视角和平衡多维利益相关者诉求冲突视角出发，结合文本语言和图像语言的沟通效果与适用条件，全面解析中国企业如何通过选择文本语言、图像语言和文本-图像复合语言来呈现企业社会责任信息，以达到与利益相关者的最佳沟通效果。

（4）通过评价中国企业海外社会责任“做得如何”识别出利益相关者的结构调整，建立具备动态演化能力的决策机制。

传统有关企业与利益相关者间关系的研究将企业所需要面对的利益相关者视为固定不变的，进而从静态的视角设计企业社会责任决策机制和评价企业社会责任的实施效果。然而，从评价利益相关者重要性的三个维度，即“合法性-影响力-紧急性”角度来看，当期企业如何回应利益相关者诉求直接影响下一期企业所感知到的利益相关者的重要性。这就说明企业所面对的利益相关者结构是动态变化的。因此，本书融入这一动态演化视角，提出通过评价中国企业海外社会责任的实施效果和国际影响，构建利益相关者动态调整机制，最终形成企业海外社会责任的动态决策机制，以更为有效地保障中国企业海外可持续发展。

全书共设 8 章，其中，第 1 章旨在介绍“一带一路”背景下中国企业在海外履行社会责任所面临的问题。第 2 章系统回顾相关研究的情况并总结其中存在的不足。第 3 章搭建本书的总体分析框架，提出“四步走”中每个阶段的关键问题。第 4 章针对企业“走出去”阶段面临的问题，构建“一带一路”沿线中国企业海外社会责任的驱动机制。第 5 章通过构建中国企业海外社会责任执行机制，帮助企业实现“走下去”。第 6 章在企业实现“走下去”的基础上，通过构建中国企业海外社会责任沟通机制，促进企业进一步“走进去”。第 7 章则针对第 5 章和第 6 章构建中国企业海外社会责任实施效果动态评价体系，推动企业实现“走上去”。第 8 章结合后疫情时代企业海外经营环境的高度不确定性和复杂性，提出利他型企业社会责任构念，以增强组织韧性，实现可持续发展。

本书的撰写充分融合和体现了集体的智慧，多位博士生参与到本书的撰写和统稿中，对本书的顺利出版做出了重要贡献。其中，向翼（博士三年级）负责统稿和参与第 3、4、8 章的撰写；徐孝裕（硕士三年级）参与第 1 章和第 2 章的撰写；杜永治（博士三年级）负责完善全书和参与第 5 章的撰写；雷雪（博士一年级）、聂银菊（博士四年级）参与第 6 章的撰写；赵小玥（博士三年级）参与第 7 章的撰写。当然，本书难免存在一些不足，请诸位同行、专家批评指正。希望本书能够为大家推动该领域的研究提供一些参考。

贾　明

2021 年 6 月 30 日于西安

目　　录

第1章 “一带一路”沿线企业履行海外社会责任需求

1.1 “一带一路”倡议的提出与影响

“走出去”战略是党中央、国务院根据经济全球化新形势和国民经济发展的内在需求做出的重大决策。实践“走出去”战略的主体是企业，即通过对外直接投资向东道国转移技术、资金等，更好地利用国内和国外两个市场，在更大范围、更广领域、更高层次上参与国际经济技术合作与竞争。

“一带一路”倡议成为我国企业在新时代“走出去”的重大指引。习近平总书记在 2013 年提出了建设“新丝绸之路经济带”和“21 世纪海上丝绸之路”的合作倡议，旨在借用古代丝绸之路的历史符号，积极发展与“一带一路”沿线国家的经济合作伙伴关系，共同打造政治互信、经济融合、文化包容的利益共同体、命运共同体和责任共同体。党的十九大报告也明确指出要以“一带一路”建设为重点，坚持引进来和走出去并重，遵循共商共建共享原则，加强创新能力开放合作，形成陆海内外联动、东西双向互济的开放格局①。

1.1.1 “一带一路”倡议的内涵

“一带一路”是“丝绸之路经济带”和“21 世纪海上丝绸之路”的统称。“一带一路”的“一带”最初是指涵盖古丝绸之路沿线国的经济合作带，从中国西安出发，向西途经哈萨克斯坦、吉尔吉斯斯坦、巴勒斯坦、沙特阿拉伯等中亚、西

---

① 人民网-人民日报. 习近平在中国共产党第十九次全国代表大会上的报告[EB/OL]. http://cpc.people.com.cn/n1/2017/1028/c64094-29613660.html，2017-10-28.

亚国家，最后到达欧洲。“一路”指21世纪海上丝绸之路，即以中国（福建泉州）为出发点，经东南亚各国到印度、斯里兰卡、也门、埃及、希腊、意大利等沿线国家的经济合作路线。随着“一带一路”倡议的不断推进，一些非洲和南美洲的国家也加入进来。总的来说，“一带一路”的核心内涵在于以共商、共建、共享为原则，以“五通”为建设内容，打造人类命运共同体、利益共同体和责任共同体，是促进共同发展、实现共同繁荣的合作共赢之路，是增进理解信任、加强全方位交流的和平友谊之路。

“一带一路”倡议的提出既源于世界经济形势的深刻变化，又是中国深化改革、扩大开放的必由之路，是为促进人类共同发展所提出的中国方案。《推动共建丝绸之路经济带和21世纪海上丝绸之路的愿景与行动》指出，当今世界正在发生复杂深刻的变化，国际金融危机深层次影响继续显现，世界经济缓慢复苏、发展分化，国际投资贸易格局和多边投资贸易规则酝酿深刻调整，各国面临的发展问题依然严峻。“一带一路”沿线国家大多为发展中国家，“一带一路”倡议的提出和科学践行将带动沿线发展中国家的发展，提高发展中国家国际话语权，同时促进新的国际投资贸易格局和多边投资贸易规则的形成。例如，2020年11月，中国、日本、韩国、澳大利亚、新西兰和东盟十国共15方成员制定的《区域全面经济伙伴关系协定》成为当今全球涉及人口最多、经贸规模最大、最具发展潜力的自由贸易协定。

践行“一带一路”倡议也将为中国企业提供新的投资动力和需求，同时有利于促进中国经济的转型升级，推动中国东西部平衡发展，进一步扩大中国对外开放的格局，畅通国内、国外双循环，提升中国的国际影响力。总之，“一带一路”倡议不仅有利于中国经济的发展，也有利于促进“一带一路”沿线国家的发展，是一项互利共赢、惠及全球的重大举措。

1.1.2　“一带一路”倡议的推进与国家形象提升

“一带一路”倡议实施以来，中国对外投资额迅速增长。据中华人民共和国商务部（简称商务部）数据，2015～2019年，我国企业对“一带一路”相关国家直接投资基本稳定在150亿美元左右（图1-1），2019年对外承包新签合同额达到1 548.9亿美元（图1-2）[①]。仅2020年1～6月，我国企业对“一带一路”沿线国家的非金融类直接投资就达到81.2亿美元，在沿线国家对外承包工程完成营业额

① 资料来源：中华人民共和国商务部“走出去”公共服务平台 http://fec.mofcom.gov.cn/article/fwydyl/tjsj/。

355.7 亿美元[①]。就中央企业而言，截至 2018 年已有 92%的中央企业参与“一带一路”建设；63%的中央企业在“一带一路”沿线国家进行股权投资，80 多家中央企业在“一带一路”沿线国家实施了 3 116 个项目[②]。

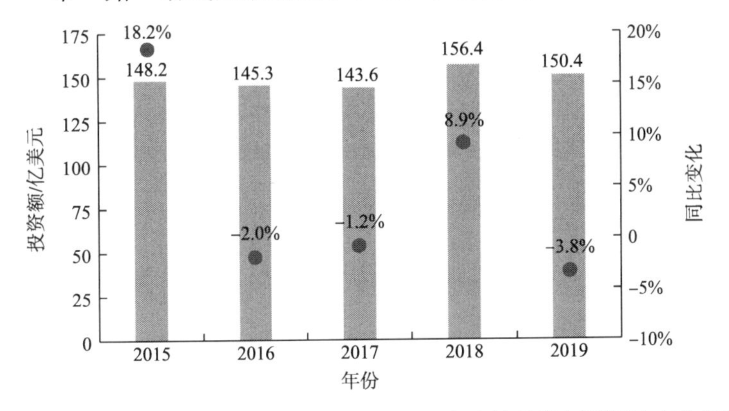

图 1-1　中国对“一带一路”沿线国家非金融类直接投资额及同比变化情况

资料来源：中华人民共和国商务部

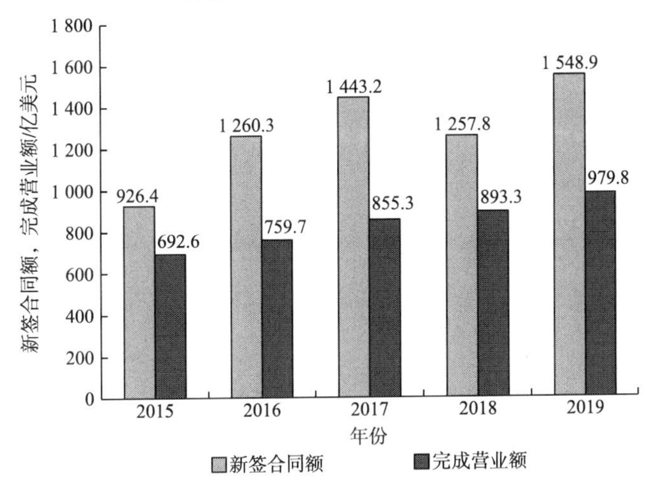

图 1-2　中国对“一带一路”沿线国家承包工程情况

资料来源：中华人民共和国商务部

随着对“一带一路”沿线投资和业务的不断增长，我国已成为“一带一路”沿线国家的主要贸易伙伴，仅 2020 年上半年，我国与“一带一路”沿线国家的进出口总额就达到 4.2 万亿美元，占我国外贸总额的 29.5%[③]。

① 资料来源：中华人民共和国商务部“走出去”公共服务平台 http://fec.mofcom.gov.cn/article/fwydyl/tjsj/202007/ 20200702985731.shtml。

② 资料来源：http://tv.cctv.com/2018/12/28/VIDEVBItiyIaEGijLcgpyiNV181228.shtml。

③ 资料来源：中华人民共和国中央政府网站，http://www.gov.cn/xinwen/2020-07/15/content_5526880.htm。

同时，“一带一路”倡议在海外的认知度不断提升，中国的整体形象越来越受国际社会的认可，对国际事务的影响力在所有国家中位居第二。当代中国与世界研究院（中国外文局对外传播研究中心）所发布的《中国国家形象全球调查报告 2018（中文版）》显示，大多数海外民众认为中国经济发展迅速、人民生活水平较高，对中国未来发展形势也持乐观态度。2018 年度，海外受访者对“一带一路”的整体认知度由 2014 年的 6%增加到 20%，在印度、意大利、日本等国家中的认知度达到 40%以上，发展中国家对“一带一路”倡议的态度明显好于发达国家（图 1-3）。

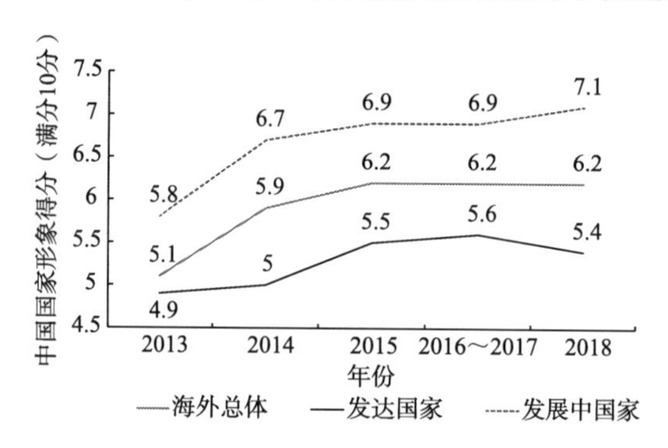

图 1-3　中国国家海外形象

资料来源：《中国国家形象全球调查报告 2018（中文版）》

由中国外文局当代中国与世界研究院联合人民画报社共同完成的《引领新一轮全球开放与合作——国际民众眼中的“一带一路”》调查报告显示，国际民众肯定“一带一路”给本国发展带来的积极影响。2018 年，在全球层面上，平均 55%的受访者认可“一带一路”对地区和全球经济发展的积极意义；43%的受访者认为该倡议对本国发展有积极意义；39%的受访者认为其对个人发展也有积极意义；对比来自发达国家的受访者，发展中国家的受访者对“一带一路”的评价则明显更高而且更为积极（图 1-4）①。

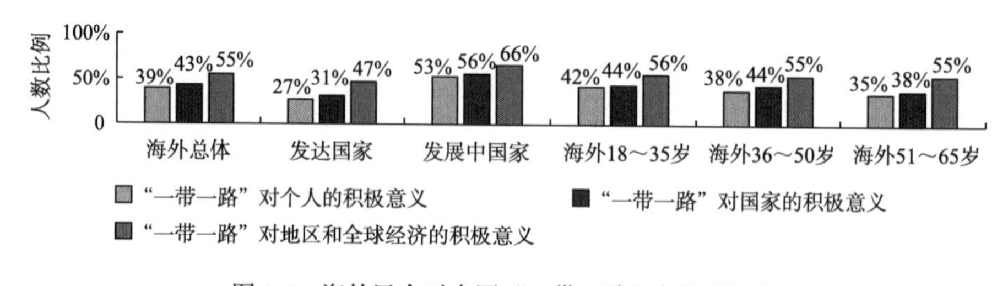

图 1-4　海外民众对中国“一带一路”倡议的评价

资料来源：《引领新一轮全球开放与合作——国际民众眼中的“一带一路”》调查报告

① 资料来源：人民画报社 http://www.rmhb.com.cn/gd/201905/t20190519_800168488.html。

1.2　“一带一路”给中国企业带来的机遇

越来越多的国家和地区把自己的发展战略与中国的“一带一路”倡议相对接，如俄罗斯“欧亚经济联盟”、蒙古国“草原之路”、越南的“两廊一圈”、柬埔寨的“四角战略”、欧盟的“容克计划”、非洲国家的工业化战略等。“一带一路”将中国与欧洲、非洲和亚洲相连接，实现了互联互通，极大地推动了中国企业的国际化发展，为中国企业带来了诸多发展机遇。

1.2.1　提升企业的经济效益

“一带一路”沿线国家众多，为中国企业提供了广阔且具有潜力的海外市场。尤其是“一带一路”沿线大多是发展中国家，经济水平较低，正处在工业化、城镇化的建设进程中，这为制造业创造了巨大的市场空间（图 1-5）。

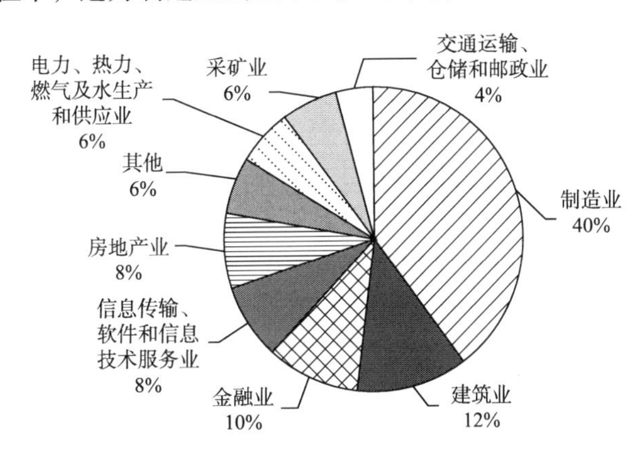

图 1-5　“一带一路”企业影响力排名前 50 名企业的行业分布

资料来源：《“一带一路”大数据报告（2017）》

相比“一带一路”沿线国家和地区，中国拥有更完备的工业制造业体系，再加上这些国家和地区所处的经济发展阶段与中国较为相似（如都在推进工业化和城镇化），因此，中国制造能够更好地满足这些海外市场的实际需求，中国制造企业也有更多机会把产品、服务输送到“一带一路”的国家和地区，进一步拓展中国制造企业的海外市场。

随着“一带一路”的推进而不断做强做大的中国企业中，三一重工就是典型代表。作为中国领先的工程机械制造企业，三一重工积极把握“一带一路”的重大机遇，在“一带一路”倡议提出不久就成立了“一带一路”项目小组，并由董事长亲自挂帅。在项目组的统一规划下，三一重工大力开拓海外市场，足迹遍布东南亚、南亚、中亚、西亚、欧洲、非洲等多个地区，实现了海外各大区域经营质量的持续提升和业绩快速增长。三一重工的工程机械参与了90%以上的“一带一路”重大工程项目，且频频收获千万元以上的海外大单，其国际业务的75%来自“一带一路”沿线国家和地区[①]。

同时，“一带一路”沿线资源丰富，为中国企业提供了丰富的发展资源。“一带一路”沿线国家油气地质条件优越，资源极为丰富（龙涛等，2017）。例如，西亚地区是目前世界上已探明的石油储藏量最多的地区，中亚地区则拥有丰富的铜、金、铅、锌、铀等金属矿藏（唐金荣等，2015）。中国矿业企业抓住机遇，积极响应“一带一路”倡议，并逐渐成长为国际矿业投资中的重要力量。例如，紫金矿业集团股份有限公司（简称紫金矿业）从2005年开始在海外进行投资以来，已在海外12个国家拥有了重要投资项目，其中一大批分布在“一带一路”沿线国家，公司所拥有的海外金、铜、锌等资源储量和海外矿产品产量超过或接近紫金矿业集团总量的一半，利润贡献率在集团占比超过三分之一[②]。

1.2.2 提升企业的国际竞争力

中国企业参与“一带一路”建设的过程有助于中国企业开眼看世界并积极融入国际竞争。企业国际化能为企业获得更多的技术和机会，降低研发成本，提升企业创新能力和专利产出效率，提高企业的国际竞争力。在开展国际业务的实践过程中，企业在产品研发、管理、制造及海外营销等领域面临的新挑战也会促使企业不断提高自身的管理水平和能力，特别是在人才储备、产品开发、技术创新及营销方面不断吸收和创新国际化竞争手段，进一步推动企业的转型升级和高质量发展。

2012年以来，中交第四航务工程局有限公司（简称中交四航局）屡屡在海外承接大额合同，也正是借助这些中高端项目的实施，中交四航局培养了一大批优秀的海外业务管理人才，极大地提升了自身的项目综合管控能力，并且从过往单纯的专业施工分包商，成功转型为综合性的总承包商和EPC（engineering、

① 资料来源：中华全国工商业联合会 http://www.acfic.org.cn/fgdt1/minqifengcai/201905/t20190508121365.html。
② 资料来源：紫金矿业官网 http://www.zjky.cn/about/gong-si-jian-jie.htm。

procurement、construction，设计、采购、施工）方案承包商，在竞争激烈的市场上，建立了高识别度的中交四航局名片[1]。

此外，企业在海外往往会面临外来者劣势。为了克服外来者劣势带来的挑战，企业必须提升战略应对和适应能力，有效识别利益相关者的诉求，并积极响应，从而不断增强企业的国际竞争力。传音手机在非洲的成功就与实行本地化战略、识别企业利益相关者诉求并积极回应紧密相关。与其他进入非洲市场的跨国企业主要关注与东道国政府的关系构建不同，传音将响应非洲客户的需求放在首位。非洲基础设施落后，很多地方充电极为不便，并且非洲运营商非常多，更换运营商费用高昂，且可能导致手机没有信号等问题。针对这些当地消费者的硬性需求，传音积极响应，推出了待机功能长达 20 天甚至一个月的双卡双待、四卡四待手机。除了准确识别客户需求并及时响应以外，传音还与当地的供应商建立了牢固的伙伴关系，大量雇用本地员工，拉动当地就业，积极参与当地的社区文化建设，履行社会责任，建构起良好的民众基础[2]。

最后，中国企业“走出去”参与国际治理也有利于提升企业的国际竞争力。例如，长期以来，由于历史、文化、经济等多方面的不同，中国企业和欧美企业在国际标准的制定方面存在一定的差距，欧美标准长期以来处于垄断地位。中国企业要想在“走出去”后与国际企业同台竞争，就必须要与国际接轨，完善自身标准体系、提高自身标准水平，加强自身标准化管理。例如，在全球轨道交通运输设备制造领域，面对日本川崎重工、加拿大庞巴迪、德国西门子与法国阿尔斯通等诸多重磅竞争对手，中国中车全力打造的“中国高铁”凭借标准高、质量优、价格低的国际竞争优势，已出口全球 105 个国家和地区，基本覆盖“一带一路”沿线国家。

1.2.3 提升企业的国际形象

中国企业“走出去”的过程也是中国企业技术走出去、质量走出去、形象走出去的过程，有助于提升企业在国际上的品牌形象。企业的国际形象也反映企业的国际竞争力及企业在国际上的声誉。良好的企业形象或企业声誉有助于企业吸引客户，提升顾客忠诚度。顾客往往倾向认为拥有良好声誉、形象的企业能够为其提供更好的服务质量，拥有更强的胜任能力，进而提升其购买意愿。

近年来，凭借着高质量、优服务，中国企业海外形象逐年提升。例如，在

① 资料来源：搜狐网 https://www.sohu.com/a/207739349_740295。

② 资料来源：虎嗅 https://www.huxiu.com/article/248978.html?rec=similar。

拉美地区，73%的受访者对中国企业印象良好，高于美国企业（71%）和法国企业（62%）（图 1-6），分值从 2017 年的 3.15 分提升至 2019 的 3.77 分（满分为 5 分）①。在 2017 年莫斯科建筑行业质量最高奖颁奖大会上，莫斯科国家建筑监督建设局局长奥利格·安东辛卡更是表示，所有参会的建筑企业都要学习中国建筑先进的管理经验、优秀的组织能力和无处不在的工匠精神②。

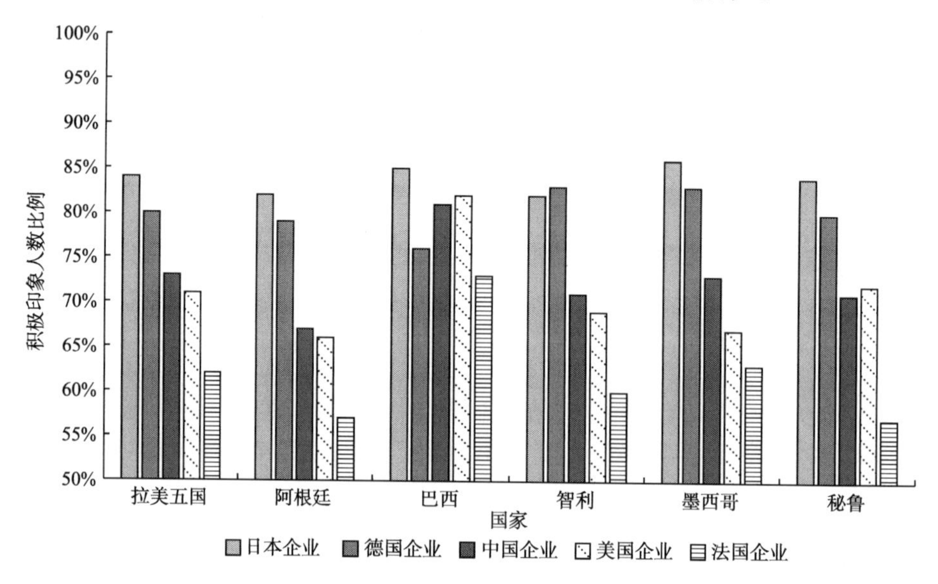

图 1-6 拉美民众对各国企业的总体印象

资料来源：《中国企业海外形象调查报告 2019 · 拉美版》

1.3 “一带一路”给中国企业带来的挑战

我国企业“走出去”在“一带一路”沿线投资的过程中，也面临着来自东道国、“一带一路”沿线其他国家和西方国家在政治、社会、经济、环境及公司治理等多方面的挑战，而威胁到其海外业务的可持续发展。

“一带一路”沿线涉及国家众多，各国的经济发展水平、政治体制、文化氛围、社会环境及生态环境各不相同，各国主权信用等级存在明显差异，既存在新加坡这样的 AAA 级国家，也存在阿富汗（CC）、巴基斯坦（B-）等高风险

① 资料来源：《中国企业海外形象调查报告 2019 · 拉美版》。

② 资料来源：国务院国有资产监督管理委员会. http://www.sasac.gov.cn/n2588025/n2588124/c12785925/content.html。

的国家[①]。《2017 中国企业海外可持续发展报告》认为，“一带一路”倡议本身就面临着经济和金融、政治和法律、社会和环境等方面的风险，而这些风险也是中国企业在“一带一路”沿线国家开展商业活动时不可避免的。

现有研究表明，跨国企业对东道国环境的不熟悉及政治、经济和文化差异，将使海外投资承担额外成本，即“外来者劣势”（Zaheer，1995）。基于国内学者刘祥（2018）、刘伟和刘勇（2017）、朱梓烨和王高峰（2015）等对于中国企业在“一带一路”沿线所遇风险的相关研究，中国企业在“一带一路”沿线国家开展商业活动时面临的主要风险既来自国际社会、东道国、母国等宏观环境，又来自企业自身层面的微观环境。

1.3.1 国家间关系风险

首先，国家间关系的动荡变化影响中国企业在“一带一路”沿线的生存与发展。“一带一路”沿线涉及国家众多，国家与国家之间的关系错综复杂，对于中国企业在“一带一路”沿线国家的投资具有重要影响。这些关系又主要包括大国间关系、东道国-东道国之间的关系、东道国-母国关系三大类。就大国间关系而言，“一带一路”沿线涉及重要的国际战略区域如中东地区，它一直都是美国和俄罗斯等大国的角力场所，大国间关系的变化会给相关区域和国家带来战争、政局动荡等而威胁到当地的局势，从而影响中国企业在当地的生存与发展。

另外，西方大国在“一带一路”沿线地区保持很强的影响力。自“一带一路”倡议提出以来，虽然世界各国在整体上对其表现出较为积极的态度，但是以美国为代表的部分西方国家始终对“一带一路”持否定、怀疑等负面态度。例如，美国从地缘政治的角度认为中国提出“一带一路”倡议是为了提升在该地区的影响力，许多西方国家的政客或学者则构造阴谋论，认为“一带一路”倡议就是中国版的“马歇尔计划”，其意图在于扩大中国在全世界的影响力，动摇美国全球霸主的地位。近年来，尤其是在 2019 年欧洲多国相继与中国签署“一带一路”合作协议、第二届“一带一路”国际合作高峰论坛取得成功的背景下，部分美国官员、媒体等对“一带一路”的消极与负面态度明显增多，这对中国跨国企业在东道国的经营是非常不利的。

就东道国与“一带一路”沿线其他国家之间的关系而言，“一带一路”沿线国家之间的民族、宗教差异较大，民族和宗教冲突也成为中东地区动荡不安的主要因素，从而影响中国企业在“一带一路”沿线开展业务。例如，以色列、巴勒斯坦、黎巴嫩、沙特阿拉伯、伊朗等“一带一路”沿线国家所在的中东地区矛盾冲

---

① 资料来源：《“一带一路”沿线国家主权信用风险分析报告（2019）》。

突持续不断，国家间关系十分紧张，局势动荡，这使得在此地区的中国企业持续发展面临极大的风险。

就东道国与母国之间的关系而言，中国与“一带一路”沿线国家因为地理、历史、政治、经济、文化等多种因素的影响而与不同国家具有不同的国家间关系，母国与东道国政府间的关系及企业自身与东道国政府（官员）之间的关系是影响企业海外业务开展便利性的关键因素之一；如果获得当地政府的支持，企业就容易开展业务。例如，作为“一带一路”倡议提出后最早对接“一带一路”建设的国家之一，中国唯一的“全天候战略合作伙伴”——巴基斯坦为了吸引外资，将国内的部分地区设置成了“特殊经济区”，在该地区投资的外国企业可以享受一定的优惠政策。出于良好的历史关系等原因，巴基斯坦将这种特殊地区内的优惠政策放大给了中国企业，中国企业在巴基斯坦可以自由投资或建厂，即使不在巴基斯坦官方设定的“特殊经济区”内，但也享受“特殊经济区待遇”。

1.3.2　政治风险

政治风险对跨国公司进入东道国市场具有显著的影响，并与国家间关系风险交织在一起。政治风险主要强调政府干预行为及突发性政治事件使得东道国经营环境面临高度的不确定性，进而损害投资企业利益。政治风险主要由两个方面构成：一是外部政治风险，包括宗教和民族间冲突、国家间战争等在内的地缘政治风险；二是内部政治风险，包括内战、党争、领导人更换、政策变化、中央和地方政府的集权与分权等在内的国内政局动荡风险。

具体而言，在政治领域，东道国政治的错综复杂和不稳定导致许多中国企业投资中断。尤其需要注意的是，“一带一路”沿线国家中有一大部分是发展中国家，由于地缘政治问题，这些国家往往属于政治冲突频发的地区，其政局动荡，民族主义与宗教意识形态冲突广泛存在（图 1-7），这些因素都直接导致中国企业在当地的生存存在挑战。

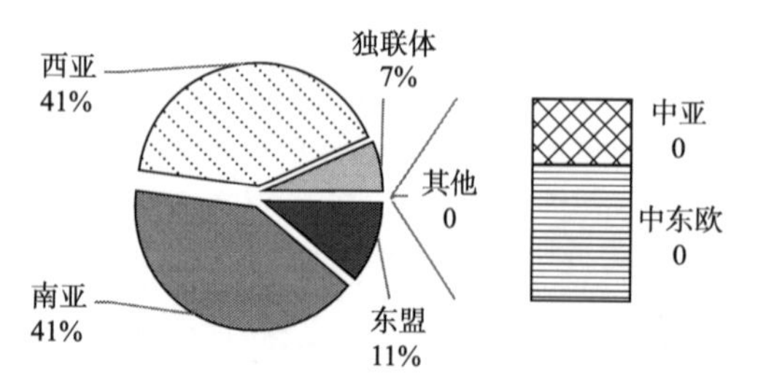

图 1-7　2013～2018 年“一带一路”沿线国家恐怖活动分布情况

资料来源：国泰安数据库

例如，南亚地区在地缘上虽然是一个整体，但从地缘政治上来看却是分裂的，形成了一个以印度为权力中心、其他国家或完全依附或半依附、或对抗的地缘政治格局。斯里兰卡地处印度洋航线的中点，战略位置十分重要，自古就有“东方十字路口”之称，是连接亚非、辐射南亚次大陆的重要节点。印度一直把斯里兰卡视为“自家后院”，绝对不允许外部势力进入。2014 年，中国交通建设股份有限公司（简称中国交建）与斯里兰卡国家港务局签订协议共同开发科伦坡港口城项目，这个项目是中斯共建“一带一路”的重要项目，并且此项目与斯里兰卡“大西部省”战略构想高度契合，有助于斯里兰卡实现 2030 年成为高收入发达国家的愿景。然而，项目开工仅半年就以“缺乏相关手续”、要“重新进行环境评估”等理由被斯里兰卡政府叫停。并且，由于“印度反对斯里兰卡给予中国科伦坡港附近土地的永久产权”，原合同中划归中方使用的“20 公顷中方拥有永久产权的土地”不得不变更为“租赁 99 年”①。

相比科伦坡港口城项目，马来西亚东铁项目更多地受到了马来西亚国内政治风险的影响。与斯里兰卡科伦坡港口城项目类似，马来西亚东铁项目也是中国和马来西亚进行“一带一路”合作中的重大项目，前期投入巨大，但投入运营后利润可观。马来西亚东海岸铁路项目的初衷是希望借此铁路促进较落后的东海岸三州的经济发展，拉近与西海岸州属的距离，并达到促进旅游业及相关产业链发展的目的，但项目在开工一年后即被政府叫停。停工的直接原因就来自马来西亚国内政府换届和党派之争。

1.3.3 社会风险

“一带一路”沿线国家各不相同的人文环境也是中国企业在“一带一路”沿线开展商业活动时的主要风险来源之一。社会文化风险主要包含民族本位主义冲突和宗教信仰冲突，且文化差异是影响跨国企业投资经营的重要因素。“一带一路”沿线涉及国家众多，各个国家的社会文化差异较大。例如，“新丝绸之路经济带”中“中国—中亚—西亚”经济走廊上，除以色列多数居民信奉犹太教、塞浦路斯希腊族信仰东正教以外，其他中亚、西亚国家的主要宗教信仰均为伊斯兰教；“新亚欧大陆桥”经济走廊上的国家，波兰、克罗地亚等 7 个国家信仰天主教，俄罗斯和乌克兰等 9 个国家信仰东正教。东南亚地区中除马来西亚主要信仰伊斯兰教之外，在其他国家中佛教占据主导地位；南亚地区印度教则成为最多人信仰的宗教。宗教、风俗等文化层面的差异使得中国企业在项目投资和运营管理中与

---

① 资料来源：搜狐新闻 https://www.sohu.com/a/225246384_626685。

当地社区和民众开展充分而有效的沟通面临着巨大挑战，中国企业往往很难融入当地。

2017年，中资企业infoshare pvt itd有限公司注意到国内外卖行业如火如荼，结合巴基斯坦国内的白领员工们普遍存在着吃饭难、吃饭贵、口味不佳、不卫生等问题，在对当地华人、白领及公司内部人员进行一周的短暂调研之后，决定启动foodmama项目，为巴基斯坦伊斯兰堡市提供餐食解决方案。然而，这个项目从2017年5月开始开发，10月正式上线进行市场运营，2018年1月1日宣布永久停运。项目停运的原因之一就在于中巴两国宗教差异带来的饮食文化差异。foodmama项目的特色之处在于大量上线中餐，而巴基斯坦是保守的伊斯兰国家，伊斯兰教徒占全国人口总数的95%[①]，大部分的穆斯林无法接受中餐。即使标注为清真餐，当地群众依旧无法接受。

中国铝业股份有限公司在越南的项目也曾因为文化差异而被叫停。中国铝业股份有限公司在越南西原地区合作开采铝矿和冶炼项目，越南的一些社会人士和部分国会议员等对此项目长期持反对立场。越南方面反对该项目的理由名义上是环保、很少雇用当地人员等，实际上还有一个重要的原因，就是该公司的经营方式引起了越南方面的高度警觉与怀疑。原来，该项目运营以后，公司向项目地区派出了上千人的员工队伍，员工们由于和越南方面语言不通、生活习惯不同等，很少和当地人交往，而且往往扎堆行动，被越方怀疑这么多中国人经常扎堆行动可能有什么不可告人的目的。在越南相关部门询问的情况下，公司解释这些人是技术顾问，但不能令对方信服，导致中铝项目被叫停[②]。

1.3.4　经济风险

由于大多数“一带一路”沿线国家尚处于发展阶段，这些国家在投资环境、经济基础、市场机制健全性、行政审批效率、法律制度完善性等方面都较为落后，加大了企业在东道国投资的经济风险。

特别是，跨国投资中的外汇风险是重要的经济风险因素之一。如果东道国经济水平落后、融资环境差，将增加跨国企业的投资成本，进而产生汇兑损失。在“一带一路”沿线国家和地区中，中亚五国均属于资源型国家，输入型增长和易受外部冲击的特征明显，市场经济体制不完善，国际化参与程度较低，投资风险较大。2014年以来，吉尔吉斯斯坦、塔吉克斯坦等中亚国家货币大幅贬值（图1-8），

① 资料来源：中华人民共和国商务部“走出去”公共服务平台《对外投资合作国别（地区）指南-巴基斯坦》http://www.mofcom.gov.cn/dl/gbdqzn/upload/bajisitan.pdf。

② 资料来源：柠檬公关 https://www.beisuan.net/pr/14198.html。

通货膨胀严重，极大地影响了在这些国家投资的中国企业的采购成本和建设成本。

图 1-8 2010～2016 年中亚三国汇率变化（本币/美元）

资料来源：中国科技投资杂志

1.3.5 法律风险

中国企业在“一带一路”沿线投资需要考虑法律因素带来的风险，如信息沟通、政府规制、产品责任、跨国经营方式等。一方面，中国企业在“一带一路”沿线投资如果违背了国际通行的标准体系或者国际法律条款，将会面临来自国际组织的处罚；另一方面，“一带一路”沿线涉及国家众多，各个国家之间的政治体制不同，法律体系也不一。不同的法律体系形成不同的法律管制方式，进而导致法律风险增加。

中国海外工程有限责任公司（中海外）曾于 2009 年以低于波兰当局预估价一半的合同报价获得了 A2 高速公路（波兰华沙至德国柏林）两标段的建设权，但 2011 年 6 月，中海外经过项目评估认为损失过大而不得不放弃了此项工程，还支付了波兰方 2.71 亿美元的罚金，并且依照法律，该国禁止中海外建筑企业成员在未来三年内参与波兰道路工程的建设。其很大一部分原因在于中海外对于波兰当地的地方性法规的疏忽。首先，中海外忽略了当地的劳动法。波兰劳动法规定，雇佣的外籍工人工资水平需与本国工人水平相当，使得中海外不得不为工人工资支付一大笔额外费用；其次，中海外忽略了当地的环境保护法。据统计，在波兰筑路工程项目中，包括野生动物保护在内的环保成本一般占 10%左右，而中海外却忽略了环保成本，导致实际建设成本进一步增加；最后，中海外还忽略了《公共采购法》中对于合同的规定。中海外寄托于“低价中标，高价索赔”策略，以期利用施工过程中的工程变更来提高价格，弥补过低报价所造成的损失。但是，由于波兰市场上曾经出现过以低价中标，然后不断通过工程变更来提高价格，最终工程价格高于竞标时竞标对手报价的案例，波兰政府为了规范市场，避免不正当竞争，颁布了《公共采购法》，明文禁止中标后对合同金额进行“重大修改”的行为。另外，在合同中，波兰方也删除了一些关键性条款，使承包商丧失了因建筑材料价格上涨或实际工程量增加而要求补偿的权利，将风险转移到承包商身上[①]。

1.3.6 环境风险

在环境领域，中国政府在参与制定国际规则方面已经做了很多工作。自2008年起，中国环境标志已加入了全球环境标志网络（Global Ecolabelling Network，GEN），并通过了全球环境标志网络国际合作体系的认可。此外，中国政府制定《对外投资合作环境保护指南》，紧跟国际法则，引导中国企业积极履行对外合作中的环境保护社会责任；发布《绿色信贷指引》，要求投资项目必须符合东道国及国际通行的环境法规。然而，“一带一路”建设的重点内容之一在于交通等基础设施的建设与自然资源开发，而基础设施建设与资源开发无疑会打破当地原有的自然生态环境，存在着污染环境、破坏生态等风险（胡必亮等，2018）。

中国矿业企业在拉美地区曾数次遭遇因环境保护问题带来的风险。作为2019年新加入“一带一路”合作的拉美国家，秘鲁是拉美第五大基础设施投资市场，世界12大矿产国之一，矿业资源非常丰富，其矿产总量位居世界第七。采矿业的发展给秘鲁带来的环境压力十分明显。中国铝业股份有限公司收购的秘鲁特罗莫克（Toromocho）铜矿就曾因为环境问题遭受了重大挫折。由于发生了意料之外的雨季洪水而污染了项目所在山区山脚的蓝色湖泊，当地环境监管部门因此责令该矿暂停生产[②]。中国首钢在进入秘鲁市场后的20年里多次因违反当地环保法规受到罚款[③]。在阿根廷，中国葛洲坝集团参与建设的圣克鲁斯水电大坝，由于初期没有对此项目进行环境评估，出于担心对莫雷诺冰川的损坏，2017年该国最高法院中止了该项目[④]。

---

① 资料来源：腾讯网 https://xw.qq.com/amphtml/20200312A078OQ00。

② 资料来源：CSR 环球网 http://www.csrworld.cn/article-1743-1.html。

③ 资料来源：中国矿业网 http://www.chinamining.org.cn/index.php?m=content&c=index&a=show&catid=34&id=14287。

④ 资料来源：搜狐网 https://www.sohu.com/a/168301324_155500。

1.3.7 公司治理风险

与国内企业治理不同，跨国企业的治理不仅是一种股东、董事会与高管层相互制衡的监督机制，还是对于全球业务、全球决策权的优化和合理分配。

跨国公司治理通常包括两个层次：母公司治理和子公司治理。由于东道国子公司治理与国内母公司治理之间存在千丝万缕的关系，母公司的治理机制是否完善决定了东道国子公司是否具有治理优势。如果母公司治理机制不完善，东道国子公司就会受到影响。中国企业想要“走出去”与西方跨国企业在国际舞台上同台竞争，就要面临来自母公司的国际化人才不足、技术水平不高、投资主体劣势（国资背景）、资金不足等治理风险，以及东道国子公司自身与当地政府、客户、社区、员工、非政府组织（Non-Governmental Organization，NGO）等利益相关者沟通不足或不当的治理风险。

中国跨国企业母公司治理风险的一个重要来源是国家投资性质。母公司国企身份往往会对该公司在东道国的子公司产生直接影响。商务部等部门发布的《2018 年度中国对外直接投资统计公报》显示，2006～2018 年中国“走出去”企业中虽然国有企业的占比逐渐下降，但占比依旧将近 50%（图 1-9），在“一带一路”沿线国家（地区）设立境外企业超过 1 万家[①]。我国企业在“一带一路”沿线投资项目的主要实施者为大型国有企业，这些投资项目很容易被东道国政府作为党派斗争或政治博弈的角力场，甚至作为带有“政治动机”的投资看待，以危及东道国经济乃至政治安全为由对其加以严格审查。

中国跨国企业东道国子公司治理风险的重点则在于与当地利益相关者、NGO 等的沟通风险。例如，工会是中国跨国企业在东道国的一个重要利益相关者，忽视与工会的合作会给企业在东道国的经营带来困境。在首钢进行秘鲁铁矿投资时，首钢中方管理层不但忽视工会作为中间人的协调作用，还开除了矿区的工会领袖，使得双方矛盾激化，致使此后数年间工会不断组织大大小小的罢工，与首钢展开拉锯式斗争[②]。

---

① 资料来源：中华人民共和国商务部对外投资和经济合作司网站 http://fec.mofcom.gov.cn/article/tjsj/tjgb/201910/20191002907954.shtml。

② 资料来源：和讯网 https://baijiahao.baidu.com/s?id=1696581394150040469&wfr=spider&for=pc。

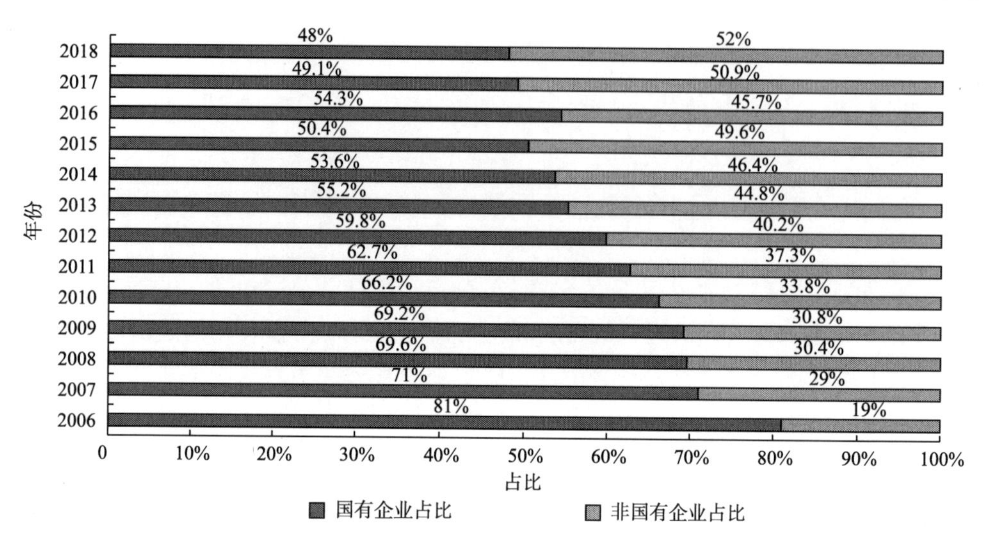

图 1-9　2006～2018 年中国国有企业和非国有企业对外非金融类直接投资存量占比

资料来源：《2018 年度中国对外直接投资统计公报》

1.3.8　不同风险间的相互影响

一个国家的政治、经济和社会状况往往是互相影响且紧密联系的。一般而言，政治风险高的国家往往伴随着较高的经济风险和社会风险，经济水平落后且开放程度低的国家更可能发生政治风险。例如，中亚国家经济风险除了受自身经济发展水平的影响之外，还深受大国政治博弈及国际大宗商品价格波动的影响。此外，中国跨国企业在东道国投资面临的经济风险也与行业紧密相关。故而，中国企业在“走出去”过程中承受的不仅是单个风险的影响，还会受到不同风险的交互影响。

马来西亚东海岸铁路项目就是腐败这一社会风险与马来西亚国内政治风险交互作用给中国企业造成负面影响的典型案例。马来西亚东铁项目是马来西亚前任总统纳吉布任内开始实施并动工的。2018 年马来西亚总理大选后新上任的总理马哈蒂尔在上任前就对前执政党的腐败和对外政策进行了抨击。马哈蒂尔还曾表示，“必须审查前一届政府签署的所有协议，包括基础设施、贸易及安全协议”。由于马哈蒂尔所在的执政党将东海岸铁路项目卷入了政治博弈，最终该项目停工。

总的来说，“一带一路”倡议为中国企业“走出去”，提高国际化水平，提升国际影响力提供了一个历史性机遇。但也因“一带一路”经营环境的错综复杂为中国企业“走出去”带来了政治、环境、经济、文化等多方面的风险，使得中国企业在“一带一路”沿线开展业务过程中面临着生存和可持续发展的挑战。企业在东道国履行社会责任有利于获得合法性，化解政治、经济、社会等各项风险，因而中国企业履行海外社会责任对于中国企业在“一带一路”沿线的生存和可持续发展是极为重要和必要的。并且，跨国企业提升国际影响力的途径之一在于塑造良好的国际声誉和树立良好的国际形象，而企业在海外履行社会责任则是企业塑造国际声誉、树立和维持良好国际形象的重要途径。

1.4 “走出去”中国企业履行海外社会责任的必要性

1.4.1 化解海外经营风险的需要

企业作为经济组织在追求自身可持续发展的过程中，必须重视社会的利益，承担社会责任，只有全面履行了社会责任的企业，才能算得上是一个合格的、负责任的企业，才能够得到社会的支持和拥护，从而实现可持续发展。企业在海外所面临的各项风险，核心问题是关键利益相关者对企业的不信任和没有建立互惠关系。例如，政治风险、社会风险、环境风险等，都是源于企业未能与当地政府、社区、民众建立起良好的信任、合作和互惠关系。而企业通过履行社会责任，则有利于回应东道国利益相关者的诉求，平衡利益相关者之间的关系，实现企业发展与利益相关者福利提升的共赢。

例如，据《“一带一路”蓝皮书：“一带一路”建设发展报告（2019）》所述，在阿塞拜疆、哈萨克斯坦和越南三个国家进行调研发现非营利机构在这些国家中对商业活动产生重要影响，忽视与 NGO 的合作从长期来看对公司的发展是不利的，会给公司带来社会、法律和环境等方面的风险。因此，在“一带一路”倡议下，中国企业要想实现“走出去”过程中的可持续发展，就需要将海外社会责任履行融入企业海外业务发展的全过程，使海外社会责任成为维护母国、东道国、“一带一路”沿线其他国家和西方国家等众多地区利益相关者之间关系的纽带，促进中国企业在“走出去”过程中实现与多维利益相关者的融合与共赢。

1.4.2 融入国际规则体系的需要

过去数十年，伴随着全球化的迅猛发展，世界经济格局发生了深刻的变化。

全球化在加快世界经济发展、促进国与国之间合作的同时，也带来了日益严重的负面问题。南北差距、贫富悬殊、生态环境恶化等严重社会问题此起彼伏。在这样的背景下，联合国秘书长安南提出了“全球契约”计划，动员工商界自主遵守商业道德、劳工标准和环境方面的国际公认原则，尊重人权，以建立一个推动社会经济可持续发展和社会效益共同提高的全球治理机制。目前超过 160 个国家的 10 000 家企业加入了该契约。

企业社会责任越来越被重视，国际企业社会责任标准不断完善，许多相关 CSR 准则被逐步推行，如《ISO 26000 社会责任指南》和《可持续发展报告指南》是当前跨国公司履行社会责任的行动指南。《ISO 26000 社会责任指南》从社会责任的历史、性质及与可持续发展的关系、社会责任的原则、认识利益相关者的诉求、社会责任项目指南和实施指南等方面鼓励企业关注和履行管理、人权、劳工、环境、公平经营、消费者权益保护、公众参与等七个方面的社会责任，以确保其获得竞争优势，提高声誉，吸引和留住工人、客户和消费者，获得投资。在 ISO 26000 发布 7 年后，社会责任国际标准增加了新的内容，2017 年 8 月，国际标准化组织（International Organization for Standardization，ISO）发布 IWA26-2017 指导文件，使得企业社会责任产生了从满足标准到优化管理的进步。

另外，在 2014 年初，全球报告倡议组织（Global Reporting Initiative，GRI）在北京发布了《可持续发展报告指南》G4 中文版，该指南是目前世界上使用最为广泛的可持续发展信息披露规则和工具。新的 G4 指南中，对报告披露要求更加清晰明确，并增加了详细指导，包括报告公司的业务风险，利益相关者的需求和期望，增加了对企业治理和诚信方面的披露要求；企业供应链管理、反腐败做法、温室气体排放数据、企业管理方法等也在披露之列[①]。面对国际标准的不断推广，中国跨国公司只有主动接纳国际标准体系，积极遵守国际标准履行企业社会责任，才能在国外获得合法性，建立声誉。

1.4.3 改进企业管理水平的需要

企业承担社会责任，是与国际社会接轨、提升自身管理水平的需要。据 Corporate Register 数据，1992 年全球仅有 26 家公司披露社会责任报告，截至 2020 年，全球社会责任报告的披露数量已达到 13 340 份（图 1-10），不到 30 年间，全球社会责任报告数量猛增 500 多倍[②]。

① 资料来源：中瑞企业社会责任合作网 http://csr.mofcom.gov.cn/article/policies/intl/201811/20181102808480.shtml。

② 资料来源：Corporate Register https://www.corporateregister.com/livecharts/?chart=1&cou=All&sec=All&sub=All&our=All。

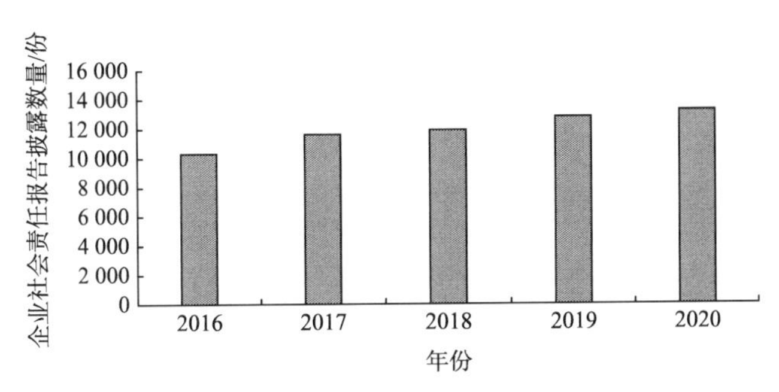

图 1-10 2016～2020 年全球企业社会责任报告披露数量

资料来源：Corporate Register

2003 年宝钢集团发布了我国的第一份企业社会责任报告，也拉开了中国企业将社会责任纳入企业经营活动范围的序幕，随后得到越来越多企业的响应，披露社会责任报告的国内企业数量逐年增加（图 1-11）。

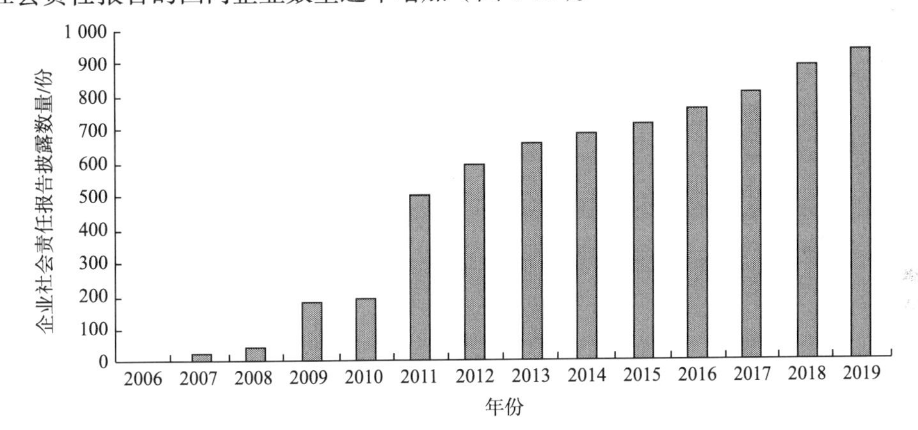

图 1-11 2006～2019 年中国上市公司社会责任报告披露数量

资料来源：国泰安数据库

但中国公司开展跨国业务时间较短，普遍缺乏在海外履行社会责任的经验。据《中央企业海外社会责任蓝皮书（2019）》统计，中央企业在海外履行社会责任的过程中普遍存在海外分支机构社会责任管理体系建设不足问题，其中，38%的中央企业海外分支机构尚未建立企业社会责任管理体系，仅有 22%的中央企业单独发布了海外报告，16%的中央企业尚未通过任何形式发布或者披露相关信息，超七成中央企业认为海外履行社会责任缺少专业组织和人才服务①。中国跨国企业亟须将社会责任纳入企业海外经营活动的范畴，统筹主营业务和社会责任活动之间的关系，通过高效地履行社会责任来不断提升企业海外管理水平，借助海外社会责任管理和投入来增强企业的竞争力。

① 资料来源：https://baijiahao.baidu.com/s?id=1653640045177370446&wfr=spider&for=pc。

1.4.4 提升国家海外形象的需要

在信息不对称的环境中，母国在东道国的国家形象一定程度上来源于跨国公司在东道国的企业形象。以蒙巴萨至内罗毕标准轨距铁路（简称蒙内铁路）、内罗毕至马拉巴标轨铁路（简称内马铁路）为代表的中资企业海外项目为中国建立海外形象树立了标杆。东非铁路构想最早来源于20世纪初英国和法国工程师为了便于将货物运送到欧洲而修建的铁路。2009年，东非共同体启动东非铁路规划，以肯尼亚为中心，辐射至乌干达、坦桑尼亚、布隆迪、卢旺达和南苏丹，以实现这六个国家在铁路上的互联互通，破解非洲东北部发展落后的困局。2017年，中国路桥工程有限责任公司承建的东非铁路规划中的一部分——蒙内铁路率先通车，蒙内铁路不仅建造得好，还极大地促进了当地就业，并且因地制宜，解决了野生动物的穿行问题，保护了环境，被CNN（Cable News Network，美国有线电视新闻网）评价为“全球最值得体验的13条铁路旅行线路之一”，乘坐蒙内铁路列车更被排为“到肯尼亚最值得做的20件事”之一。东非铁路规划中的另一部分——内马铁路的建设继续发扬了这一优良传统，项目开工至今已累计创造了超过26 000个工作岗位，为大量员工提供了工作机会，为肯尼亚铁路事业培养了诸多后备人才。为了保护动物，内马铁路建设了总长6.5千米的全线跨越内罗毕国家公园特大桥。同时，中国交建还积极进行了本地化，和当地400多家物资、设备和材料供应商进行了商业合作，与100多家当地分包商开展工程分包合作，带动了肯尼亚工程、水泥、钢铁、油料等相关产业的发展。这些海外社会责任的履行都有益于树立中国在国际上的形象，推进国家间更为深入而广泛的合作[①]。

1.5 本章小结

本章主要介绍了“一带一路”倡议的概况和内涵，并总结了“一带一路”倡议为中国企业带来的机遇与风险，从实践层面阐述了中国跨国企业对于履行海外社会责任的需求。

自“一带一路”倡议提出以来，中国已经和全世界的100多个国家和地区签

① 资料来源：知乎 https://zhuanlan.zhihu.com/p/87295111。

署了近 200 份“一带一路”合作协议，国际合作、跨境经营已经成为中国企业未来发展的重要方向。对于国际社会，“一带一路”是机遇，为世界发展注入了源源不断的中国力量。对于中国企业，“一带一路”既是机遇也是挑战。“一带一路”为中国企业“走出去”提供了广阔的市场，为中国企业的跨国发展提供了提升国际竞争力、树立国际形象的巨大推动力。同时，由于“一带一路”沿线国家的法制、国际关系、社会文化、宗教习俗等诸多因素不同，为企业海外经营带来了巨大的风险和困难，使得中国企业在“一带一路”沿线履行社会责任成为维持企业生存和可持续发展、融入国际社会、改进管理水平和提升国家形象的必由之路。那么，企业应该如何履行海外社会责任。下一章就着重总结归纳现有企业社会责任方面的研究进展并讨论其对于指导中国企业在“一带一路”沿线履行海外社会责任时所存在的不足。

第 2 章　中国企业海外社会责任：理论与困境

从理论研究方面来看，虽然企业社会责任研究是学术界近年来关注的热点话题，但是中国企业海外社会责任相关的研究还很匮乏。*Academy of Management Journal*、*Strategic Management Journal*、*Journal of International Business Studies* 等国际顶级期刊都刊发了一系列企业社会责任的论文，美国管理学学会（Academy of Management，AOM）等顶级国际会议每年都在其年会上设立“Corporate Social Responsibility”相关主题。然而，之前主要围绕企业在本国履行社会责任及发达国家跨国企业在东道国履行社会责任的相关问题开展研究，忽略了发展中国家（如我国）的跨国企业如何履行海外社会责任这一问题。虽然发达国家跨国企业的海外经验值得借鉴，但是由于我国的跨国公司在国际化程度、竞争优势来源、后发优势及其国际化贸易程度等方面都与发达国家跨国公司存在很大差异，这决定了我国企业在海外履行社会责任的决策机制、行为方式及产生的后果都有其独特性，需要深入探索。

2.1　企业社会责任决策机制

2.1.1　企业社会责任的产生与内涵

企业社会责任是建构企业与社会和谐关系的一种基本思想。现有研究一般认为企业社会责任概念最早由美国学者 Clark（1916）提出，他认为企业承担的社会责任按照利益相关方不同，可以分为环境责任、员工责任、伙伴责任等。后在“企业社会责任之父”Bowen 的推动之下，关于企业社会责任的研究在 20 世纪 60 年代不断发展，在 Frederick（1960）等关于企业社会责任研究的基础上，有关企业社会责任的描述逐渐清晰，但是尚未形成企业社会责任的明确边界（王秀丽，2015）。20 世纪 70 年代后，关于企业社会责任的研究飞速发展，其中美国经济发展委员会提出的“三个中心圈”尤为重要，其指出内圈是企业的基本责任，中间圈是企业在发展经济的同时，对可能会受其影响的社会和环境承担责任，外圈是企业要承担促进社会进步、消除贫困的责任。此外，Carroll（1979）构建的经济责任、法律责任及慈善责任三个逐层递进的社会责任金字塔模型明确了企业社会责任的边界，在学术界产生了广泛而深远的影响，为后来者研究企业社会责任奠定了深厚的基础。

进入 20 世纪 80 年代，Freeman（1984）提出的利益相关者理论不仅为企业社会责任的研究提供了理论基础，且从 20 世纪 90 年代至今它一直是企业社会责任研究领域的主流理论。利益相关者理论认为企业本质上是各利益相关者缔结的“一组契约”。企业不单是股东的企业，也是各利益相关者的利益共同体，企业发展的物质基础是各利益相关者投入的资本（资源），因而企业不仅要对股东负责，还应该对债权人、员工、供应商和客户、政府、社区及环境负责。进入 21 世纪，企业社会责任已经逐渐提升到战略层次，关于社会责任的文献大都强调要将企业社会责任融入企业的战略中。

企业社会责任决策，实质就是企业社会责任资源的最佳配置问题，其一般包括社会责任投入决策和社会责任沟通决策两个部分，其中社会责任投入决策就是企业决定投入社会责任资源的整体规模数量和不同社会责任维度的资源分配。社会责任沟通决策则指企业与利益相关者沟通的社会责任内容、沟通社会责任采用的渠道和方式，以及如何提高社会责任沟通效益等问题（Bhattacharyya，2010）。

2.1.2　企业社会责任的实施动机

根据 Aguinis 和 Glavas（2012）的总结，学术界关于企业社会责任驱动因素的研究主要有制度、组织及个人等三个层面。就制度层面而言，现有关于企业社会责任驱动因素的研究大都集中于利益相关者压力和制度压力两个方面。其中，利益相关者压力指的是在社会契约理论视角之下，企业是各利益相关者缔结的“一组契约”，其需要承担对于各利益相关者的责任；制度压力则主要指企业为了生存和可持续发展需要获得合法性的压力，具体包括来自政府法律法规的正式制度层面的压力，以及来自市场环境的和传统规范、文化习俗、社会舆论等非正式制度层面的压力。大量研究表明企业履行社会责任是获取合法性的一个重要途径（Handelman and Arnold，1999；Gifford and Kestler，2008；Reimann et al.，2012）。

而政府部门、职业团体和专业组织等制定的标准，通过具有强制力的机构强加给企业，是企业所必须遵守的。如果企业违背这种强制性约束，就可能面临严重的经济损失和制裁。因而企业必须遵守法律法规，履行法律责任以获取合法性（DiMaggio and Powell，1983）。

尽管政府机构所构建的法律、准则可以有效促进企业承担法律责任，但这种法律的权威性和强制性依旧存在一定的局限性。而非正式制度作为一种社会规则，也扮演着影响企业履行社会责任的角色。例如，Maignan（2001）研究发现，不同文化背景的人对企业社会责任的感知和期望并不一致。同时，社会文化结构、集体主义和权力距离等文化因素会对企业社会责任行为方式产生影响（Waldman et al.，2006）。贾兴平和刘益（2014）研究发现舆论压力会促进企业履行社会责任，且会显著地提高上市公司捐赠的可能性（徐莉萍等，2011）。Ermann（1978）研究发现，那些容易受到公众批评的企业往往捐赠更多。

就组织层面而言，目前关于企业社会责任驱动机制的研究大都集中于企业利润驱动和企业自身特征两个方面。早期的研究认为企业的首要任务是追求利润最大化，只有当履行社会责任能够为企业带来利润时，企业才会考虑社会责任的履行（Freeman，1984）。大量研究也表明相对于不履行社会责任的企业，诚实、正直、有责任感的企业的政府罚款、律师和审计费用、调查费用等都较少，员工离职、顾客流失等也较少发生，最终拥有更高的财务绩效（李海芹和张子刚，2010；李祥进等，2012；陈峻等，2016）。

具体到企业特征，目前相关研究大都从企业规模、股权结构、董事会结构等方面去分析组织层面影响企业社会责任履行的因素。例如，Lepoutre 和 Heene（2006）指出，企业的规模越大，企业社会责任的履行水平就越高，这可能是由于大型企业比中小型企业更加容易识别出利益相关者，能够更加精确地采取应对策略（Perrini et al.，2007）。Oh 等（2011）以韩国企业为研究样本，发现机构持股和外资持股与企业社会责任表现正相关，而管理层持股与企业社会责任表现负相关。这些研究表明企业的所有权结构无疑会对企业社会责任的履行产生影响。此外，董事会的结构特征也会影响企业社会责任的履行。例如，Brown 等（2006）指出，董事会规模与企业慈善捐赠正相关；Coffey 和 Wang（1998）则指出企业内部董事的比例越高，企业捐赠越多；贾明和张喆（2010）研究也发现当董事会规模越大时，公司的捐款水平越高。

也有研究从个体的角度来探究企业履行社会责任的驱动因素。国外学者研究发现高管的道德承诺会让企业以不同的方式对企业社会责任的压力做出反应，并推动企业具有更好的社会责任表现（Greening and Gray，1994；Muller and Kolk，2010）。管理者个人的价值观与关注点也会推动企业社会责任（Bansal and Roth，2000；Hemingway and Maclagan，2004）。此外，高管性别（Jia and Zhang，2011）、职业背景（Slater and Dixon-Fowler，2009）、社会联系（Galaskiewicz，1997）、政治关联（贾明和张喆，2010）等均会推动企业履行社会责任。

总的来说，目前学术界关于企业社会责任驱动机制的研究已从宏观的制度层面发展到中观的组织层面及微观的个人层面，相关研究已经较为全面（Aguinis and Glavas，2012）。

2.1.3　企业社会责任信息的披露动机

一般而言，企业披露CSR信息的目的在于一方面满足经济型利益相关者的诉求，如提供利益相关者所需要的信息以获得股东、债权人、客户、供应商等的支持（沈洪涛，2007；Du et al.，2010；Ioannou and Serafeim，2015）；另一方面，企业发布CSR报告是为了应对来自政治型利益相关者（如政府、社区、环境）的压力，从而与政府、社区建立良好的关系，在赢得合法性的同时获取政府资源，提高竞争优势（王建明，2008；Reid and Toffel，2009）。

从维护与经济型利益相关者关系而获取经济利益角度来看，披露CSR信息减轻了企业与利益相关者之间的信息不对称程度，提升了企业信息透明度，有利于企业获得利益相关者的信任与青睐，将企业与竞争者区别开，从而建立社会声誉，最终提升企业绩效。例如，从维护与股东和债权人关系的角度来看，对于存在再融资需求的企业而言，披露社会责任信息可以增进与投资者的沟通，有助于提升企业外部形象和从认同企业社会责任的投资者获取财务资源，提高企业融资便利性（Cheng et al., 2014），甚至还能帮助企业尽快从财务困境中恢复（Choi and Wang，2009）。另外，公司披露社会责任信息还可以赢得消费者和客户的信任与认同，促进产品销售，形成产品竞争优势（Kim，2019）。

企业也会通过发布CSR报告的方式构建、维护企业与政府、社区和社会公众之间的关系而获得合法性。随着政府、社区和社会公众对企业履行社会责任提出的预期和要求越来越高，企业通过采取符合法律规定、社区预期和社会规范的行为获得合法性，从而保证企业能够生存下来。中国企业的社会责任报告并非单纯以慈善为目的或者追求经济利益最大化。研究发现企业对政府的依赖程度直接影响企业发布 CSR 报告的意愿，并且政府对企业的监管强度决定了CSR报告质量的高低（Marquis and Qian，2014）。仅就CSR信息披露中广受关注的环境责任信息披露而言，现有研究均表明CSR信息披露具有很强的政治动机。例如，Reid和Toffel（2009）认为企业环境信息披露行为受到来自社会与政府部门的压力的影响；王建明（2008）指出企业环境信息披露水平与其受到的外部监管压力呈正相关关系；毕茜等（2012）研究表明《上市公司环境信息披露指南》的颁布及实施提高了企业环境信息披露水平；沈洪涛和冯杰（2012）研究指出地方政府对企业环境信息披露的监管能显著提高企业的环境信息披露水平。

2.2 跨国公司的企业社会责任决策机制

2.2.1 跨国公司社会责任概念

首先，跨国公司社会责任的概念是建立在企业社会责任的概念基础之上的（崔新健，2007）。Carroll（2004）在其早期研究一般企业社会责任的基础上构建了一个包含经济责任、法律责任、伦理责任和慈善责任的四个层次逐渐递进的全球企业社会责任金字塔模型。其中处在最底层的经济责任是指企业需要赚取利润，履行其全球资本所有者所必需的责任；处在经济责任层面之上的是以遵纪守法为主要内容的法律责任，履行其全球利益相关者所预期的责任；而处在法律责任之上的是伦理责任，要做其全球利益相关者所预期的，符合伦理的社会责任行为；处在最高层的慈善责任是要做企业全球利益相关者所希望的，做一个好的全球企业公民。

其次，跨国公司企业社会责任概念是伴随着跨国公司跨国经营的实践而不断发展变化的。就跨国公司本身而言，其跨国化经营战略不同，则其企业社会责任概念也不同。Donaldson 和 Dunfee（1999）按跨国化战略分析维度将跨国公司分为国际化、多国化、跨国化及全球化等四个类型，其中国际化强调的是母国社会责任理念和实践的直接对外输出；多国化强调的是企业社会责任在不同国家的适应性和灵活性；跨国化强调的是企业在海外履行社会责任时要注意遵从通用的社会责任理念、规则与实践；全球化则倾向企业在海外履行社会责任时要确立社会责任的一般性指导准则。Arthaud-Day（2005）在 Bartlett 和 Ghoshal（2002）及 Zenisek（1979）等的研究基础上结合 2003 年联合国全球契约（UN Global Compact 2003）中对于企业责任内容的界定及相关阐述，提出了一个以定位策略、界定内容、运作策略为维度的跨国公司社会责任三维模型。其中第一维度为定位策略，如将跨国公司的策略类型分为全球策略、国际策略、多国策略和跨国策略四种；第二维度以定位策略为基础，将跨国公司企业社会责任内容划分为人权、劳工和环境三个方面；第三维度则是第二维度的落实和评估，从跨国公司的多元利益相关者角度出发，包括跨国公司拟如何做、跨国公司的利益相关者期望企业如何去履行其社会责任，以及跨国公司实际如何履行其企业社会责任等三个方面。该模型从企业整体策略出发，结合利益相关者期望较为系统地分析和概括了跨国公司应该履行的社会责任内容、应该如何履行其社会责任及其履行结果的反馈和评价，构建了一个较为完整的研究体系。

最后，跨国公司企业社会责任与一般企业社会责任的最大不同之处在于跨国公司生存及发展的地理空间更为广阔。Husted 和 Allen（2006）将跨国公司社会责任分为当地社会责任和全球社会责任，其中当地社会责任主要以满足当地社区规范为主，而全球社会责任则着眼于满足具有普适性的标准，如环境保护、劳工保护等。崔新健（2007）根据跨国公司生存空间的性质构建了包括跨国公司母国的社会责任、跨国公司东道国的社会责任及跨国公司国际层面的社会责任三个不同概念在内的跨国公司社会责任框架。

目前国内相关研究都集中于跨国公司东道国的社会责任（刘恩专，1999）。值得注意的是，李国平和韦晓茜（2014）认为对企业社会责任的定义、内容等基本问题的认识与理解，是随着政治经济制度与社会环境的变化而变化的。例如，Gugler 和 Shi（2009）通过研究发现发达国家和发展中国家的企业社会责任在概念和实践上存在差距，即南北"CSR 差距"，并进一步提出为消除这种南北差距，发达国家和发展中国家都应该完善企业社会责任的标准。总之，由于跨国公司自身的特殊性及其牵涉的利益相关者复杂多元、面临的政治经济制度千差万别，以及各跨国公司不同的跨国化运营策略，目前学术界对于跨国公司社会责任的概念尚未形成统一的界定。

2.2.2　跨国公司社会责任驱动机制

同跨国公司社会责任概念相同，关于跨国公司社会责任驱动因素的研究同样是在本国公司社会责任驱动机制的相关研究基础上发展起来的，其研究主要集中在制度和组织层面。

就制度层面而言，目前关于跨国公司企业社会责任机制研究的主流理论是制度理论和利益相关者理论。从制度理论出发，不同国家拥有不同的规章制度、社会规范及文化氛围。跨国公司在进行跨国经营时会面临不同的制度环境，因而对其在当地的经营和发展具有不同的要求，故为了获得合法性，跨国公司往往通过选择履行社会责任以迎合其东道国制度要求，从而在当地获得生存和可持续发展的权利（Husted and Allen，2006；Waldman et al.，2006；Ioannou and Serafeim，2012；Young and Makhija，2014；Rathert，2016）。从制度缺失的角度来看，当东道国相关制度缺失时，企业在东道国履行社会责任是一种对制度的替代和补充（Rathert，2016）；从制度演进的角度来看，跨国公司履行企业社会责任不再是单纯地应对当地的制度压力而是着眼于促进企业本身与当地制度的共同演进和变迁（Cantwell et al.，2010）。

从利益相关者理论出发，企业社会责任的逻辑起点是企业的利益相关者治理。因而，跨国公司履行社会责任的主要原因是跨国公司利益相关者的压力（Levis，2006）。跨国公司到东道国投资，牵涉的主要利益相关者有东道国政府、员工、消费者、非政府组织机构及社区（Kay，1993）。

在东道国保障员工的利益非常重要。一方面，跨国公司的廉价劳动力政策可能会导致子公司经营不善甚至倒闭（Sofka et al.，2014）；另一方面，跨国公司应当保障员工的平等就业和为员工提供参与企业民主管理、自我提升的平台（温淼，2013）。但是一些跨国公司为了降低人力成本，没有严格履行国家有关规定，任意降低劳工标准，如有研究指出耐克公司在发展中国家强迫员工加班（Strike et al.，2006），最终导致了大量的员工流失。

对于跨国公司而言，它们的产品或服务涉及的地区非常广泛，并且很多产品或服务都有可能影响消费者的人身、财产甚至是生命安全。因而作为产品和服务的提供者，企业必须积极主动承担起自己应对消费者履行的社会责任（殷红，2017）。此外，近年来，消费市场出现了一种基于环保和可持续发展的新消费理念，消费者对于符合可持续消费理念的产品的购买偏好是未来的趋势，这也表明跨国企业需要注重消费市场的变化而更要注重履行对消费者的责任（Riefler et al.，2012；Strizhakova and Coulter，2013；White and Simpson，2013；Grinstein and Riefler，2015）。

一些非市场机构，如行业协会、公共研究机构和社区可以充当跨国公司的桥梁，促进跨国公司在东道国的业务发展（Corredoira and Mcdermott，2014）。例如，社区是企业在东道国的经营场所，为企业的正常运营提供基础设施、环境保障和治安管理等支持（朴英姬，2017）。因此，基于社会交换理论，跨国公司应当对所在社区承担维护社会环境、积极投身社区公益事业、协调企业与社区的和谐关系、保障社区民众人身财产安全等企业社会责任。更为重要的是，当跨国公司母国和东道国的价值观、信念和规则的根本差异使跨国公司在当地不受欢迎时，跨国公司可以与非市场机构合作，通过共同创造新的制度逻辑来克服困难（Newenham-Kahindi and Stevens，2018）。

从环境角度来说，学术界对“污染天堂”和国际污染产业的转移研究都推动了对跨国公司履行环境责任的关注（Rugman and Verbeke，1998；Christmann and Taylor，2001；Christmann，2004；Bansal，2005；Strike et al.，2006）。一方面，随着全球化下贸易壁垒和外商直接投资（foreign direct investment，FDI）壁垒的不断降低，跨国公司可能会利用各国环境规定的差异向供应商或他国转移对环境不利的生产活动，这促使政府对企业社会责任的自我监管提出了严格要求（Christmann and Taylor，2001；Christmann，2004）。另一方面，出于企业外部同行竞争者的压力，在环境保护日益成为世界各国共同需求的趋势下，跨国企业积极履行社会责任也是应对来自同行竞争压力的一种手段（Durand and Jacqueminet，2015）。

就组织自身层面而言，跨国公司到海外进行投资、贸易等商务活动时会遭遇外来者劣势（liability of foreignness，LOF），如东道国利益相关者因为缺乏企业相关信息可能会使用陈规旧俗或采取不同于东道国的标准从而对跨国企业造成不良影响等（Kostova and Zaheer，1999；Campbell et al.，2012）。部分学者指出跨国公司履行企业社会责任有利于应对其遇到的各种问题（Zaheer，1995；Miller and Eden，2006）。首先，跨国公司在海外履行社会责任有利于树立良好的国际形象，获取信誉资本，提升企业的形象和品牌价值，从而减少跨国公司产生负面公众形象的风险，并获得与东道国其他企业合作的机会。其次，跨国公司履行社会责任有利于提高员工认同度和生产效率。Vilanova 等（2009）指出跨国公司在东道国履行相应的社会责任，能够有效地吸引和留住优秀人才，与公司员工建立良好的关系并可以有效降低员工离职率，进一步降低跨国公司在东道国的人力资源成本。进一步地，这些良好的关系可以激励员工的工作热情、提高工作满意度、激发其潜能并提高其创新能力，从而提高公司的生产率和其他业绩水平（王秀丽，2015）。此外，与员工建立良好关系有利于促进企业与当地社区的相互了解，从而促进企业与当地制度的融合。最后，跨国公司履行社会责任有利于其实施产品差异化战略，获取独特的竞争优势。McWilliams 等（2006）指出，跨国公司能够根据消费者对绿色产品的需求，开发出相应的新产品，在产品市场上实现产品的差异化竞争优势，并利用新技术和新产品开拓新的市场。

就个人层面而言，目前相关研究主要集中在高管个人特征方面。例如，Han 等（2019）指出高管的海外经历使得企业具有更高的慈善捐款水平；Waldman 等（2006）指出企业 CEO 的远见卓识、领导能力和诚信是企业履行社会责任的重要前因。

总的来说，目前关于跨国公司企业社会责任驱动机制的研究主要集中于制度和组织层面，从个人层面去研究跨国公司履行企业社会责任动机的文献还较少。而就制度层面而言，目前也主要是局限于东道国制度环境方面，忽略了跨国公司的母国环境及其所处的国际环境的影响，且主要是从制度压力和合法性的角度去进行相关研究。在利益相关者方面也主要是局限于从东道国的利益相关者视角进行相关研究，忽略了母国的利益相关者及国际层面的利益相关者的诉求及其影响。

而本书以利益相关者理论为视角，以企业关键利益相关者为突破口，综合考虑跨国公司所涉及的来自东道国、母国、国际层面的利益相关者的诉求及其影响，系统回答了中国跨国公司在海外是否应该履行社会责任、如何履行社会责任、如何与利益相关者沟通其社会责任的履行情况及如何评价其社会责任履行状况等一系列核心问题。

2.2.3 跨国公司社会责任沟通

企业社会责任报告是管理、控制和改变利益相关者对企业的印象、态度和观点的重要工具（Andrew and Baker，2020），且企业社会责任报告能够通过策略性的社会责任信息披露协调、平衡各利益相关者之间的诉求冲突（Luo et al.，2017）。Du等（2010）研究了企业应该采取什么样的沟通方式和应该沟通什么样的内容以最大化企业收益。然而，目前针对跨国公司的企业社会责任沟通研究还较少，且主要集中在社会责任信息披露动机、披露准则和披露渠道、披露内容和语言工具等方面。

跨国公司企业社会责任信息披露影响因素及效应研究方面，与现有研究主要关注于发达国家跨国公司的企业社会责任实践（walk of CSR）不同，跨国公司企业社会责任信息披露（talk of CSR）的影响因素研究更多着眼于新兴经济体国家跨国公司。例如，Marano等（2017）认为新兴经济体国家的母国制度缺陷是导致跨国公司发布社会责任报告以获取合法性的重要动机。Agnihotri 和 Bhattacharya（2019）则以印度跨国公司为样本从企业层面研究了影响新兴经济体国家跨国公司社会责任信息沟通的影响因素，具体包括企业的国际化意图和市场寻求动机及企业集团合作等因素。

尽管跨国公司履行社会责任的最终目的是促进社会绩效的进步，但是只有极少数研究关注到跨国公司社会责任沟通的效应，如Tashman等（2019）研究发现跨国公司社会责任报告对于跨国公司的社会绩效具有正向效应，且验证了企业母国制度缺陷、跨国公司在发达国家上市和企业国际化程度等国家层面和企业层面的影响因素对于跨国公司社会责任沟通与企业社会绩效间关系的调节效应。

由于跨国公司面临复杂的制度环境，选择何种沟通标准将成为影响其社会责任沟通效益的重要因素。部分学者也对此进行了相关研究，如Fortanier等（2011）研究发现跨国公司企业社会责任报告采用GRI等全球标准使得来自不同国家的跨国公司的社会责任报告的一致性更高。进一步地，Einwiller等（2016）以美国和德国公司为样本进一步研究证明了全球标准的采用对于减少国别差异的积极影响，并指出国别差异对于企业社会责任报告的影响可以追溯到各个国家不同的文化和制度环境等因素的影响。

企业社会责任涉及维度广泛，尤其是跨国公司面临着更为广泛的利益相关者，因而选择哪些维度与利益相关者沟通其关心的社会责任信息也成了跨国公司社会责任沟通的重要议题，如 Kolk 和 Pinkse（2010）研究发现那些在社会责任报告中更多披露环境和社会问题及将企业社会责任与内部问题相结合的跨国公司更有可能在其社会责任沟通中披露其公司治理信息。Lee 和 Parpart（2018）则以韩国的 15 家跨国公司为样本研究了国家制度和文化环境对企业社会责任报告中蕴含的男性气概的影响。

多数跨国公司在与其全球范围内的利益相关者进行企业社会责任相关信息的交流活动时都面临困难（Thyssen and Hinrichs，2015）。Thyssen 和 Hinrichs（2015）从媒体、信息和互动三个角度研究了瑞典跨国公司如何进行在线社会责任沟通的问题，其研究发现案例公司在线进行社会责任沟通时更多的是描述其投入，而较少关注问题本身。在通过社交媒体进行社会责任沟通时，样本公司更倾向沟通环境和社会问题，且样本公司在同其全球范围内利益相关者沟通时普遍缺乏与利益相关者的对话、互动机制。

语言差异是跨国公司海外经营面临的一个极大挑战。跨国公司采取良好的语言政策可以提高其同利益相关者关于社会责任沟通的效率，获取合法性（Selmier Ⅱ et al.，2015）。Selmier Ⅱ等（2015）通过对于在东非运营的来自澳大利亚、加拿大、南非、瑞士及英国等不同国家的 15 家跨国公司的调查研究，提出了一种基于“语言即问题”“语言即资源”“语言即权利”三种语言取向的跨国公司语言资源获取策略模型，并发现使用当地语言同当地利益相关者进行沟通的跨国公司更能够与当地利益相关者建立良好的关系，获得合法性。

值得注意的是，目前关于跨国公司海外社会责任沟通的相关研究还较为匮乏。这首先体现为目前尚无关于跨国企业海外社会责任沟通决策的明确定义；其次，现有关于跨国公司社会责任沟通的研究还较少，而需深化和拓展；最后，关于跨国公司社会责任沟通的研究还处于萌芽状态，如关于跨国公司社会责任沟通影响因素的研究目前还集中在制度和企业层面（Marano et al.，2017；Agnihotri and Bhattacharya，2019），尚未有研究考虑到国家间差异对于跨国公司社会责任沟通的影响。而有关跨国公司海外社会责任的沟通语言、渠道选择、沟通时机等问题的研究则更少。

2.3　企业履行社会责任的后果

企业履行社会责任的目的是满足利益相关者的诉求，获取合法性和建立声誉，学术界也对企业履行社会责任所产生的后果进行了广泛研究。已有文献对企业履行社会责任的后果的研究主要集中在企业经济后果、利益相关者反应和社会责任溢出效应等方面。

2.3.1 企业履行社会责任的经济后果

企业履行社会责任的经济后果，主要包括企业承担社会责任对其经济绩效和价值创造的影响。自从 Moskowitz（1972）对企业社会责任与企业财务绩效两者间关系进行实证研究以来，学术界对两者之间的关系进行了广泛研究但并未得出一致的结论。现有研究中，企业社会责任与公司财务绩效之间主要存在四种关系，包括正相关（Zhang et al.，2016）、负相关（Brammer and Millington，2005）、不相关（Nelling and Webb，2009），以及非线性关系（Wang and Qian，2011）。

虽然企业社会责任与财务绩效间是何种关系仍旧存在争议，但总体而言，大部分的研究倾向认为二者间存在正相关关系。Waddock 和 Graves（1997）在其研究中发现企业履行社会责任与企业财务绩效之间存在显著的正相关关系。一定程度上，企业承担社会责任可以被认为是一种营销策略或者广告（Eunice，2014），从而提高企业绩效。在有关我国企业的研究中，尹开国等（2014）以 2009～2010 年非金融业 A 股上市公司为样本进行研究，发现企业社会责任与企业财务绩效显著正相关。张兆国等（2013）、温素彬和方苑（2008）也都得到相似的结论。

相反地，也有学者指出企业承担社会责任会损害企业价值。Friedman（1962）提出，“企业社会责任就是在遵守法律和相应的道德标准的前提下赚尽可能多的钱”，即企业除追求利润最大化以外无须承担额外的社会责任。Aupperle 等（1985）认为，企业履行社会责任将浪费资本和其他有限的资源，与那些不从事 CSR 活动的公司相比，从事 CSR 活动的公司会处于竞争劣势。Karnani（2010）的研究表明，企业在承担社会责任的同时必然会损害股东的利益，认为企业应该以股东权益最大化为目标，过多地承担社会责任将不利于财务绩效的提升。以我国的现实状况来看，我国部分企业在运营过程中存在环境污染、欠民工薪资、偷税漏税等无良行为，因其大都认为承担社会责任会降低其企业价值。部分学者也通过实证研究证实了这一现象（李正，2006）。

总之，尽管目前学术界对于企业社会责任与企业财务绩效之间的关系尚未形成公论，但不管其关系究竟如何，学术界均普遍认为企业社会责任主要通过影响利益相关者的反应和行为对企业财务绩效产生影响。

2.3.2　企业社会责任与员工行为

关于 CSR 与企业员工之间关系的研究，国内外学者的学术成果颇丰。企业承担社会责任给员工态度和行为带来了积极的影响（刘远和周祖城，2015）。在此研究领域，学者们主要关注 CSR 对员工忠诚度、员工绩效、员工敬业度的提升和对员工行为的正向影响。在员工忠诚度方面，Barnett 和 Salomon（2006）研究发现员工对于企业在社会责任履行方面如果具有良好的感知可以提高员工的忠诚度，更有利于企业招募、留住、激励优秀人才。

在员工绩效方面，部分学者基于社会交换理论认为作为对企业履行社会责任的回报，企业社会责任的履行能够提高员工工作绩效。李祥进等（2012）研究表明 CSR 得到较好的实践时，员工绩效越高。在员工敬业度方面，Glavas 和 Kelley（2014）指出企业社会责任对员工敬业度产生影响，Lin（2010）也通过研究指出，企业通过履行社会责任带给员工组织信任感从而提升员工敬业度。也有学者开始关注 CSR 对员工工作行为的影响，如组织公民行为（刘远和周祖城，2015）、反生产行为（王娟等，2017）。研究表明，CSR 有助于增强员工的组织认同感、组织自尊和情感承诺（刘远和周祖城，2015），能够增强员工总体的公平感知（de Roeck et al.，2016），当员工感知到企业是一个对社会负责的组织时，能够满足他们的安全需求、归属需求、尊重需求和自我实现需求，当员工感知到企业履行社会责任时，就会减少自身的反生产行为。

2.3.3　企业社会责任与消费者行为

20 世纪 90 年代后期以来，随着国际社会对企业社会责任越来越重视，企业社会责任对消费者态度与行为影响的研究也开始受到学术界的关注。研究显示，消费者对企业履行社会责任是关心的（Carrigan and Ahmad，2001），企业社会责任会对消费者购买品牌的意向产生影响。Murray 和 Vogel（1997）研究发现，当消费者获得一家企业为履行社会责任付出了努力的信息后，更愿意购买该企业的产品。Handelman 与 Arnold（1999）研究表明，企业社会责任水平（对家庭、社区及国家的贡献）显著影响被试者对该零售商的支持程度，尤其是当商家被描述为不利于社区家庭、不对当地慈善事业做出贡献时，其支持率不高。Mohr 和 Webb（2005）的研究显示，企业负责任的行为正向影响消费者对企业的评价和购买意向，较低的企业社会责任水平会大大削弱消费者的购买意向。国内学者也在企业社会责任对消费者态度和行为的影响方面开展了实证研究。周延风等（2007）研究表明，无论是在善待员工、环境保护还是慈善捐助方面，企业社会责任行为对消费者的购买意向都有显著的影响。周祖城和张漪杰（2007）研究发现，企业的CSR 在行业内的相对水平越高（或越低），消费者对其产品的购买意向也相应越高（或越低）。

企业社会责任对顾客品牌态度也会产生影响。Du 等（2007）发现当一个品牌将自己定位为“CSR”品牌时（而不是仅仅从事 CSR 活动），消费者对其关注度将会显著提升，且与产品本身相关的 CSR 活动将会提高消费者的关注水平。企业的慈善活动将会使消费者对该企业的品牌更加信任。企业社会责任举措有助于培养客户满意度（Luo and Bhattacharya，2006）、影响消费者的口味选择（McWilliams et al.，2006）。消费者可以将高水平的、具有说服力与感染力的社会责任报告视为产品或者公司质量的信号（Milgrom and Roberts，1986）。田敏等（2014）通过实验研究，检验了产品相关责任行为、慈善行为、公益实践这三种 CSR 行为方式对消费者品牌评价的影响，发现 CSR 行为中产品相关责任行为和慈善行为对消费者品牌评价的提升作用显著，其中产品相关责任行为的影响最显著，且产品与 CSR 行为的匹配性对消费者的品牌评价具有调节作用。有趣的是，Torelli 等（2012）研究了不同品牌概念下，消费者对 CSR 活动的反应，得出对于奢侈品品牌，其从事的 CSR 活动与消费者感知到的品牌定位会产生错位，消费者对品牌评价反而会降低。

2.3.4　企业社会责任与投资者行为

企业社会责任的履行可以改善企业与投资者的关系。对于外部投资者而言，参与企业运营的一大主要方式是投资，这也就意味着企业与外部投资者的主要接触是通过融资来实现的。企业往往会利用与投资者之间的信息不对称而采取机会主义行为，使得投资者降低投资意愿，从而导致企业难以得到外部融资。企业社会责任的履行能够显著减少信息不对称现象及降低融资成本，吸引更多的外部投资者关注（Dhaliwal et al.，2011），使外部投资者更加愿意将资金投入其中，从而缓解企业的融资约束。

沈艳和蔡剑（2009）认为银行等金融机构在对企业进行贷款审核时，更加注重企业承担社会责任的情况。企业社会责任越强的企业，投资者更加倾向将资金投入其中，其融资能力就越强，企业社会责任的履行有利于企业进行外部融资。而 Dhaliwal 等（2011）的研究表明，在企业社会责任报告披露后的两年之中，这类企业更容易在证券市场进行股权融资，并且当企业社会责任信息披露质量越高时，面临的融资约束程度越低（曹亚勇等，2013）。

特别是，在股票和信贷市场较弱的国家，企业社会责任与企业融资渠道和外部融资增长之间的关系更为明显。此外，企业社会责任与企业投资和违约风险之间的关系在商业自由度有限的国家更为明显，而在法律制度较弱的国家，企业社会责任与贸易信贷和未来销售增长之间的关系更为明显（EI Ghoul et al.，2017）。

2.3.5　企业社会责任的溢出效应

近年来，企业社会责任溢出效应受到理论界和实务界的广泛关注。企业社会责任不仅影响企业自身，更延伸到其他企业和行业。积极承担企业社会责任可以起到良好的示范作用，违反企业社会责任则易产生负面溢出效应。

社会责任事件的溢出效应主要表现为传染效应和竞争效应两个方面。由于处于同一个行业企业的产品、经营模式、现金流等具有相似性，一家公司出现重大社会责任事故，会让投资者质疑整个行业的真实价值（王思敏和朱玉杰，2010），传染效应更容易发生（Roehm and Tybout，2006）。

2.4　跨国公司履行企业社会责任的后果

现有的跨国公司履行社会责任后果方面的文献主要集中在通过履行企业社会责任帮助企业获得竞争优势方面，如帮助跨国公司获得合法性、缓解公共危机、满足利益相关者需要等。

当跨国企业进入外国市场时，其嵌入异于本国情况的多元复杂的东道国制度中（Kostova et al.，2008），使得企业常常面临来自东道国的合法性挑战。已有研究表明，企业社会责任是提高跨国企业合法性的一个很好的工具（Handelman and Arnold，1999；Gifford and Kestler，2008；Reimann et al.，2012），且可以帮助企业构建积极的社会责任形象（Sen and Bhattacharya，2001）。尤其是在新兴经济国家，处于这样环境下的跨国公司在相对陌生的环境中运营，与其母国相比往往表现出较大的制度距离（即社会规则，法规，政府控制和执法机制的差异）（Reimann et al.，2015）。企业履行社会责任是克服合法性障碍的有效策略，因为它向东道国和全球利益相关者传达了跨国公司自身行为与全球规范和社会期望一致的信号。

跨国公司履行企业社会责任有利于缓解企业的公共危机，提升企业绩效。Zhao

等（2014）收集了180家跨国公司在中国经历的与消费者权益相关的公共危机，研究结果表明，跨国公司的社会活动在缓解公共危机方面具有显著的积极作用；Mithani（2017）以印度为背景进行研究也发现，与非跨国公司相比，跨国公司在灾难发生后做慈善事业对跨国公司更具战略性的作用。

跨国公司履行社会责任有利于建立与利益相关者之间的关系，获取竞争优势。Levis（2006）的研究指出，跨国公司履行社会责任的主要动因来自跨国公司利益相关者的压力。跨国公司通过承担社会责任来尽可能地满足利益相关者的需求，由此建立起高质量的利益相关者关系，为跨国公司带来相应的竞争优势。

在日益全球化的世界中，跨国公司必须不断寻求物质资源和人才资源来实现并保证自身的全球竞争优势。员工资源作为一项重要资源，尤其是拥有创新理念和产品推动力的研发部门人员（Sapouna et al.，2016），在确保竞争优势方面发挥着重要作用。跨国公司在东道国履行对员工的社会责任能够有效提升企业自身的声誉及形象，从而吸引或留住优秀的人才，与公司的员工建立良好关系（Rodrigo and Arena，2008）。员工层面社会责任的履行还可以有效降低员工离职率，进而降低跨国公司的人力资源成本（李祥进等，2012）。

此外，跨国公司社会责任的履行还会涉及与其他利益相关方的关系。例如，一旦跨国公司因为企业社会责任问题而信誉和形象受损，在媒体的传播下社会公众对跨国公司的负面反应会更加强烈，会导致股东对其信任程度下降，甚至损害该企业与金融机构的关系（Morsing and Perrini，2009）。当跨国公司的母公司在国内或国外遭遇重大合法性问题时，跨国公司的子公司可能会采取适应当地需求的企业社会责任实践，以避免受到负面溢出效应的影响。

2.5 本章小结

学术界对于社会责任的研究从20世纪初到现在已经持续了约一个世纪。本章主要从国内外学者们在不同时期对企业承担社会责任的前因、后果等角度对研究进行了回顾。总的来说，成果丰厚但仍存不足。

国内目前关于“一带一路”的研究仍主要着眼于国际关系、国家发展等宏观层面，对“一带一路”沿线中国企业走出去等微观方面的研究相对较少，仅仅对于“一带一路”倡议对中国企业“走出去”带来的机遇和风险进行了讨论，但分析不够全面和深入，对于中国企业如何更好地“走出去”进而实现海外可持续发展还缺乏系统而深入的研究。

纵观已有文献，国内外学者对于企业承担社会责任的前因、后果相关领域的研究十分丰富，这为本书构建整体分析框架奠定了良好的理论基础。虽然已有文献注意到中国企业在“走出去”过程中履行海外社会责任的重要性，但相关研究还很不够。有关跨国公司的研究仍旧局限于发达国家的跨国公司，以中国为代表的转型经济国家的跨国公司研究尚显匮乏。

其一，中国跨国公司与发达国家跨国公司的典型差异决定了已有的跨国公司海外履行社会责任经验并不能直接套用到中国企业身上。相对发达国家跨国公司而言，中国跨国公司完成国际化的速度更快，国际化程度不高，且其国际化背后更多的是中国政府的支持和推动，因此其国际化路径与发达国家跨国公司并不完全一致，故而也会影响其海外社会责任的履行。

其二，现有研究尚未将“一带一路”沿线投资环境的复杂性融入中国企业海外履行社会责任的决策过程中。“一带一路”沿线国际关系复杂，国家间的政治体制、宗教文化、经济发展水平和资源禀赋等存在巨大差异，中国跨国企业社会责任决策面临的风险和不确定性更大。

其三，中国跨国企业目前在“一带一路”沿线面临的问题之一是社会责任沟通不畅，而以语言、宗教、文化等差异和利益相关者多样性为代表的复杂投资环境对企业的社会责任沟通提出了更高的要求，现有研究尚未就如何建立与多维利益相关者的有效社会责任沟通机制开展深入研究。

其四，企业所处的阶段不同，所需要和获取的资源与能力不同，因此不同利益相关者的重要性也会不同。企业的社会责任决策是一个不断根据现状进行动态调整的过程，而现有研究尚未结合利益相关者动态调整的视角研究有关企业社会责任决策机制演化的问题。

本书将在后续章节分析“一带一路”沿线中国企业制定“走出去”决策，在东道国顺利开展业务而能够“走下去”，能够与母国、东道国、“一带一路”沿线其他国家和西方国家等众多利益相关者进行良好的沟通而融入海外社会实现“走进去”，得到广泛利益相关者的支持而“走上去”等一系列问题，从而建立一套适用于中国企业的海外社会责任决策体系，实现我国企业海外可持续发展。

第3章　中国企业海外社会责任决策体系

3.1　企业“走出去”的发展路径及关键问题

在“一带一路”沿线，中国企业要想实现海外业务的可持续发展，就需要将履行社会责任融入海外业务发展的全过程，但当前中国企业海外社会责任履行过程中面临着如下现实问题：海外社会责任动力不足，海外社会责任执行方式不清，海外社会责任沟通方式不细，海外社会责任效果不明。海外社会责任动力主要取决于中国企业在“一带一路”沿线国家履行社会责任是否能够帮助企业更好地“走出去”，解决“是否做”的问题；海外社会责任执行方式主要体现为中国企业在“一带一路”沿线国家应该承担什么样的和怎样承担社会责任从而帮助企业“走下去”，解决“如何做”的问题；海外社会责任沟通方式主要体现为中国企业在“一带一路”沿线国家应该如何同各利益相关者进行沟通从而帮助企业“走进去”，解决“怎么说”的问题；海外社会责任效果主要体现为中国企业在“一带一路”沿线国家履行社会责任产生怎样的国际影响从而是否能够帮助企业评价“走上去”，解决“做得如何”的问题。这些中国企业履行海外社会责任面临的困境，为企业带来了一系列新的战略决策问题，具体而言包括以下四个方面。

3.1.1　对于拟“走出去”的企业而言，解决“是否做”的问题

企业履行海外社会责任有利于企业赢得合法性以应对“走出去”面临的风险和挑战，但是企业履行社会责任需要付出一定成本，且收益具有不确定性，故而

中国企业在“一带一路”沿线究竟是否需要去履行海外社会责任进而化解相关风险与挑战仍然是一个悬而未决的问题。考虑到在“一带一路”沿线开展业务所面临的各种投资风险，中国企业在“一带一路”沿线地区履行社会责任有其自身的独特性，并且所需要参考的社会责任标准体系也更为复杂。

“一带一路”倡议促进了中国企业不断“走出去”，但是我国企业在“走出去”过程中的投资策略被一些国家误解为“新殖民主义”，面临母国、东道国、“一带一路”沿线其他国家和西方国家众多利益相关者的质疑和误解，对“一带一路”沿线中国企业海外投资产生了巨大冲击。虽然中国企业已经开始通过履行社会责任的方式尝试更好地“走出去”，但是其社会责任投入往往与收益不成正比。因此，中国企业在“一带一路”沿线是否应该履行海外社会责任以应对投资过程中的各种风险是其面临的重要问题，进而需要构建中国企业海外社会责任决策框架——这就要首先解决“是否做”的问题，从而助力中国企业“走出去”。

3.1.2　对于“走出去”的中国企业而言，解决“如何做”的问题

虽然在“一带一路”沿线开展业务过程中，中国企业也逐渐认识到在海外履行社会责任的重要性，但尚不清楚应该怎样履行社会责任才能达到最好的社会效果。要想使海外业务具有合法性并且能够存续下来，首先需要获取关键利益相关者的支持。

中国企业在海外投资首先会对东道国的利益相关者产生影响，因而识别东道国关键利益相关者的诉求，进而考虑关键情境下最佳的企业社会责任履行方式成为企业成功“走出去”的关键。因此，如何识别关键利益相关者诉求进而寻求最佳的海外社会责任履行方式，是企业“走出去”过程中的迫切需求——这就要解决“如何做”的问题，从而助力中国企业“走下去”。

3.1.3　对于“走下去”的中国企业而言，解决“怎么说”的问题

虽然越来越多的中国企业在“一带一路”沿线开展业务并不断壮大，但随着业务的扩大，需要面对和回应的不同利益相关者的诉求也越来越多。因此，如何与众多利益相关者有效沟通进而融入各方就成为企业不得不考虑的问题。

企业社会责任沟通是对利益相关者诉求进行回应的重要途径之一。随着企业

海外利益相关者群体的不断扩大，企业很难有足够的资源去满足众多诉求。特别是在利益相关者诉求存在冲突的情况下，更需要企业采取有效的沟通方式去平衡、维护公司与各利益相关者间的关系，进而实现与利益相关者的共融。同时，社会责任沟通的缺失和企业社会责任的不透明必然导致利益相关者的不满，从而危害中国企业海外业务的合法性。因此，如何与各方利益相关者进行有效沟通（如沟通时机、方式和语言）进而平衡企业与各利益相关者之间的关系，成为推进企业融入海外社会，并进一步发展壮大的保障——这就要解决“怎么说”的问题，从而助力中国企业“走进去”。

3.1.4　对于“走进去”的中国企业而言，解决“做得如何”的问题

随着“一带一路”倡议的持续推进，许多中国企业的国际影响力不断提升，与此同时，新的问题和挑战也不断出现，但由于当前缺乏识别和分析新问题及新挑战的能力而妨碍了企业的海外可持续发展。要想实现海外业务的可持续发展，就需要将企业海外社会责任的社会影响扩大到更广泛的利益相关者上，不断满足不同利益相关者的诉求，提升企业的国际影响力。特别是，“一带一路”沿线经营环境的复杂性使得企业所面对的利益相关者及其诉求并不是固定不变的。“一带一路”沿线是一个庞大的海外市场，中国企业要想实现海外业务的升级、扩张，就需要关注利益相关者在企业业务发展过程中的诉求满足和变化情况。建立企业海外社会责任反馈机制，可以有效地评估各方利益相关者对企业社会责任的反应，从而相应地调整企业的海外社会责任战略。

那么，如何结合动态演化的视角解析多维利益相关者的诉求满足和演化，进而调整最佳企业海外社会责任实践方式，成为提升中国企业国际影响力，实现海外业务可持续发展的关键——这就要解决“做得如何”的问题，从而助力中国企业“走上去”。

3.2　“一带一路”沿线中国企业海外社会责任决策要点

针对上述问题，中国企业海外社会责任的决策机制涉及“是否做→如何做→

怎么说→做得如何”四个阶段。其中，“是否做”指中国企业在“一带一路”沿线是否应该承担海外社会责任从而助力中国企业“走出去”；“如何做”指中国企业在“一带一路”沿线如何选择海外社会责任履行方式进而助力中国企业“走下去”；“怎么说”指中国企业履行社会责任之后如何与各方利益相关者进行沟通助力中国企业“走进去”；“做得如何”指中国企业履行社会责任后产生的效果、反馈，进而助力中国企业“走上去”。

因此，本章重点构建中国企业海外社会责任决策模型的理论框架，并基于决策模型框架，围绕“是否做→如何做→怎么说→做得如何”四个关键决策构建中国企业海外社会责任决策模型。

随着“一带一路”倡议的提出，中国企业在“走出去”的过程中需要积极承担海外社会责任提升中国企业的国际影响力。但是，如何履行海外社会责任受到多方面因素的影响（模型参数），而履行海外社会责任也包含“做”和“说”两方面的内容（决策变量）。基于此，本部分首先基于母国、东道国、国际准则构建三位一体的海外社会责任标准体系，进而解决中国企业在东道国应该以什么样的标准承担企业海外社会责任，建立决策模型的约束条件；随后基于驱动因素分析、内涵特征分析及标准体系的构建三部分内容，围绕“是否做→如何做→怎么说→做得如何”四个阶段构建“一带一路”沿线中国企业海外社会责任决策模型，建模思路如图 3-1 所示。

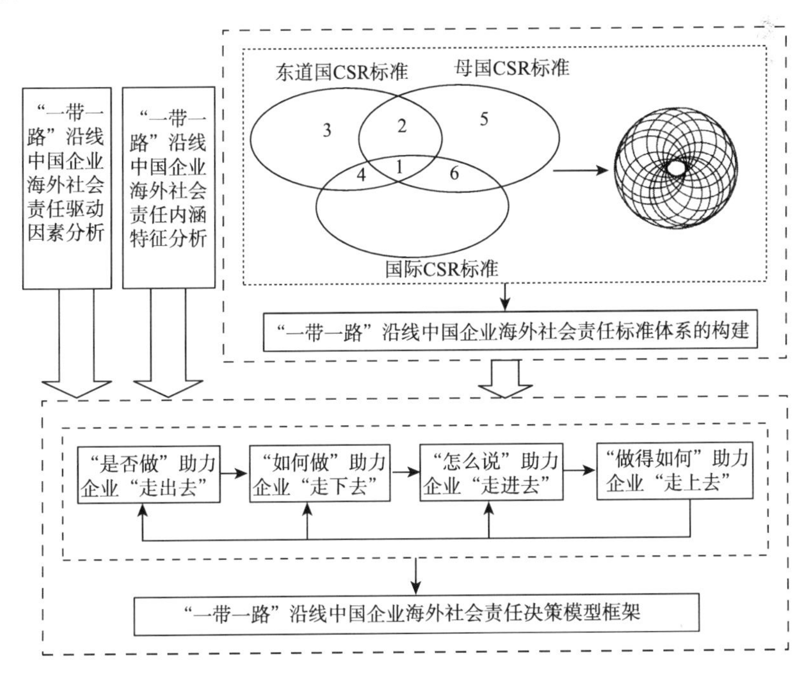

图 3-1　中国企业海外社会责任决策模型框架的建模思路

3.2.1　中国企业海外社会责任范围选择

构建中国企业海外社会责任标准体系需要考虑母国、东道国及国际标准三方面的企业社会责任标准而制定“一带一路”沿线的海外社会责任决策框架。如图 3-1 右上部分所示，区域 1 表示母国、东道国及国际标准三方均包含的企业社会责任内容，就这部分社会责任内容而言，中国企业需要建立最高海外社会责任执行标准，否则将会导致“重内轻外”或者“重外轻内”的问题，引起相关利益方的不满，甚至被认为是“伪善”行为；区域 2 表示母国和东道国均有的企业社会责任项目，此时企业可以借鉴在母国履行相同的社会责任的经验，结合两国间社会责任标准要求选择较高的标准来执行；区域 3 和区域 4 表示东道国拥有但是母国没有的社会责任项目，此时中国企业通过履行这些海外社会责任项目，帮助企业建立合法性和声誉，更容易获得东道国政府及社区等利益相关者的支持，因此中国企业需要以东道国和国际社会责任标准间的更高的要求建立海外社会责任标准体系；区域 5 和区域 6 表示母国拥有但是东道国没有的社会责任项目，企业在东道国履行这些项目时，需考虑共适用性。

进一步地，当中国企业在“一带一路”沿线不同国家进行海外投资时，母国、各东道国和国际标准的交互组合和叠加就形成了如图 3-1 中花纹图案所示的企业海外社会责任内容体系。可以看出，在重叠的最密集的区域就是本企业海外社会责任最核心的业务；其他部分就是独特的海外社会责任活动区域，空白区域代表特定利益相关者的诉求，而企业在海外开展业务就需要用有限的资源来同时满足不同利益相关者的诉求。

基于此，中国企业海外社会责任所涵盖的内容概括如式（3-1）所示：

$$Q=\sum_{i=1}^{N}\sum_{j=1}^{m}f(\mathrm{CSR}_{ij}+\mathrm{CCSR}_{ij}+\mathrm{ICSR}_{ij}) \tag{3-1}$$

其中，Q 表示中国企业履行海外社会责任的业务范围；N 表示企业开展业务的东道国国家的数量；i 表示东道国国家；m 表示社会责任项目的数量；j 表示社会责任项目；CSR 表示东道国企业社会责任标准；CCSR 表示中国企业社会责任标准；ICSR 表示国际企业社会责任标准。每项海外社会责任内容的执行标准受到母国、东道国和国际标准三方标准体系的影响；而企业在海外执行的社会责任业务范围则是各个社会责任项目在各个东道国的加总，因而构成一个复杂的海外社会责任体系。

3.2.2　中国企业海外社会责任决策的内在逻辑

当企业社会责任战略与企业投资战略保持一致时能够促进企业的长期发展。同时，不同类型社会责任项目的边际收益和成本具有差异性使得企业在不同阶段的最优社会责任承担模式也存在差异。进一步说，企业承担社会责任的差异性使得企业社会责任的经济后果也会不同。因此，企业社会责任决策需要通过科学的程序和方法构建理论模型，进而为企业社会责任决策提供指导。

企业社会责任的价值取决于社会责任的成本、收益和风险。其中，企业社会责任的成本指企业在承担社会责任过程中的资源投入，涉及“是否做”、“如何做”和“怎么说”等阶段，如慈善捐赠、环保投入等；企业社会责任的收益指企业在承担社会责任过程中获得的利益，涉及“做得如何”这个阶段，如企业形象和声誉的增加、员工工作动力的提升、企业收入的增加等；企业社会责任的风险指企业在承担社会责任过程中可能导致的利益相关者不满而对企业经济利益带来损失，这是在制定“如何做”和“怎么说”决策时需要考虑的问题。

同时，“是否做→如何做→怎么说→做得如何”这四个阶段决策之间也存在紧密联系，形成了循环反馈体系进而相互影响，使得企业不断动态演化、调整其海外社会责任决策和行为，这是构建“一带一路”沿线中国企业海外社会责任模型的基本框架。“是否做”的问题主要涉及对履行海外社会责任的成本-收益分析；而当决定履行海外社会责任后，就需要考虑“如何做”和“怎么说”的问题，其中既涉及最佳执行方式的选择，又涉及最佳沟通方式的选择问题；最终反映在“做得如何”即对社会责任履行效果的评价问题上；并且，基于动态反馈的视角，“做得如何”的结果又会反馈到企业的海外社会责任决定环节，而影响企业对“是否做”的判断，以及在“一带一路”沿线应该“如何做”和“怎么说”等问题。

3.3　“一带一路”沿线中国企业海外社会责任决策模型

基于上述建模框架，从构建单一海外社会责任项目的收益函数入手，分别将社会责任的“做”和“说”作为决策变量，分析企业海外业务总收益最大化情况下的最佳投入水平；在此基础上，引入利益相关者反馈机制，将利益相关者的诉求满足纳入模型中，分析基于动态演化视角的海外社会责任最佳实践水平。具体模型构建思路如图 3-2 所示。

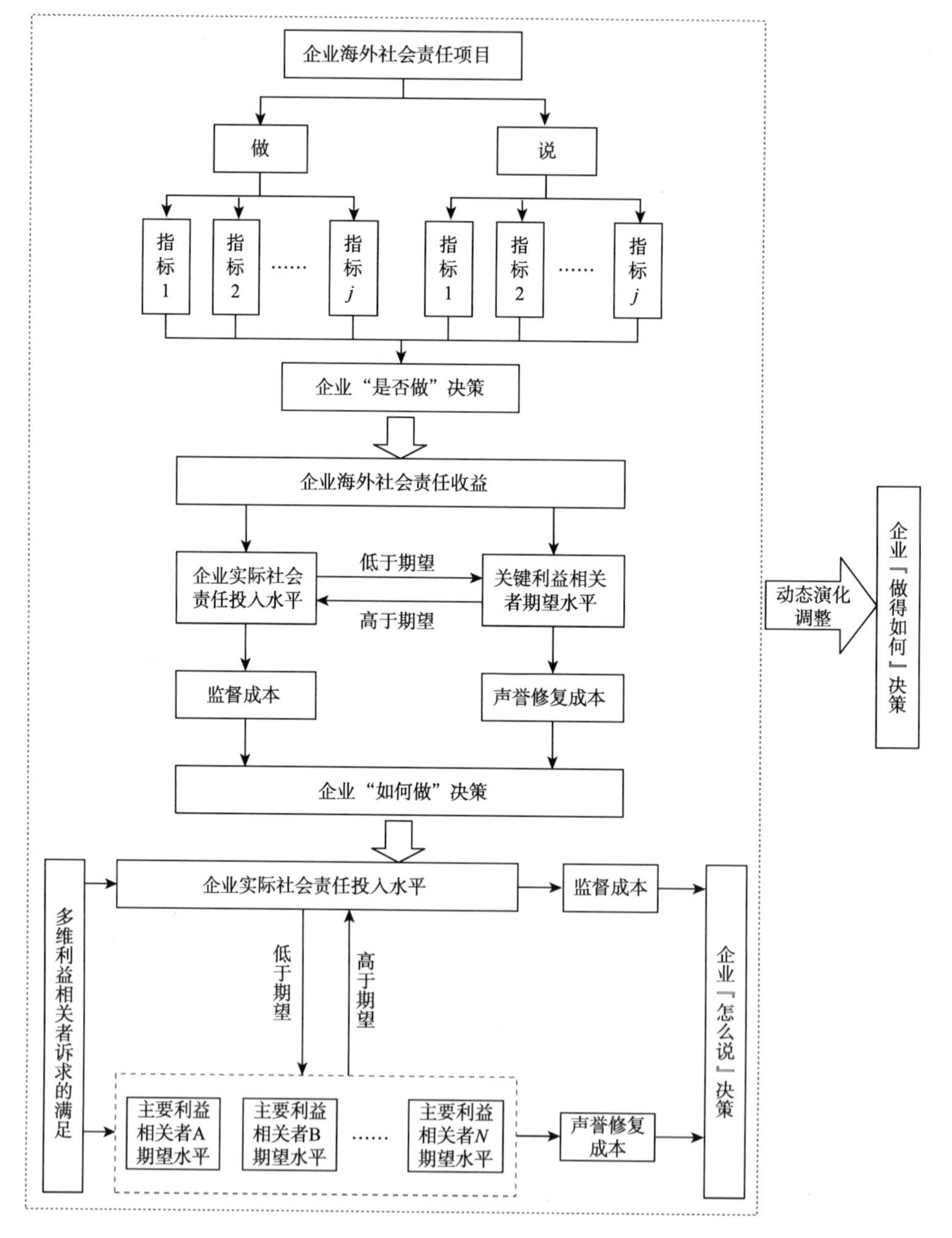

图 3-2　“一带一路”沿线中国企业海外社会责任决策模型构建框架

3.3.1　企业海外社会责任项目选择与启动决策

首先，基于式（3-1）所确定的企业海外社会责任业务范围（Q），就企业履行的某单一项目而言，从收益角度出发，利用关键业绩指标法（key performance indicators，KPIs）估算项目层面企业社会责任的收益。假定单一社会责任项目共包含 m 个评价指标，如能够对 m 个不同的利益相关者产生影响，而社会责任的作用效果可以通过企业实际如何做发挥作用（如支持社区发展）；也会受到企业如何说的影响（如发布服务社区报告）。I_{ij} 表示企业海外社会责任项目第 i 年第 j 个关键评价指标“做”的指标值，即第 j 个利益相关者受到企业社会责任履行情况的影响而对企业的评价，则当年企业社会责任的履行效果就体现在利益相关者 j 对企业评价的变化上（$\Delta I_{ij}=I_{ij}-I_{ij-1}$）；$a_{ij}$ 表示第 i 年第 j 个利益相关者对企业社会责任“做”的部分的评价所带来的对企业收益的贡献率，即该利益相关者对企业的评价多大程度上对企业绩效产生影响。

U_{ij} 表示企业海外社会责任项目第 i 年第 j 个关键评价指标“说”的指标值，同样的企业社会责任的沟通效果可以用$\Delta U_{ij}=U_{ij}-U_{ij-1}$ 去衡量；b_{ij} 表示企业海外社会责任项目第 i 年第 j 个利益相关者对企业社会责任“说”的部分的评价对企业绩效的影响程度。

因此，企业海外社会责任单一项目的总收益 V 为

$$V=\sum_{j=1}^{m}\left[a_{ij}\left(I_{ij}-I_{ij-1}\right)+b_{ij}\left(U_{ij}-U_{ij-1}\right)\right] \tag{3-2}$$

企业制定“是否做”决策的核心就是比较企业履行不同的海外社会责任项目所给企业带来的收益。这一评价方法能够明确有关海外社会责任“做”与“说”的临界条件（ΔI_{ij} 和ΔU_{ij}），即企业的决策点，即要求企业履行海外社会责任最低要达到的提升利益相关者对企业的评价的程度。而企业实际实施的项目则可以在这个社会责任项目库中筛选。

3.3.2　企业海外社会责任收益与实施决策

企业履行海外社会责任所产生的收益（ΔI_{ij} 和ΔU_{ij}）受利益相关者诉求满足情况的影响。如果企业实际社会责任投入水平高于利益相关者预期水平，利益相关者将会监督企业进而确保企业可以持续维持海外社会责任投入，这就使得企业在应对来自利益相关者的监督时需要承担额外的成本（也就是通常所说的红皇后效

应，red queen effect）；如果企业实际社会责任投入水平低于利益相关者期望，会对企业声誉产生负面影响而需要付出声誉修复成本来弥补声誉损失。假定利益相关者与企业之间信息是完全对称的，那么利益相关者所感知到的企业社会责任投入水平就与企业实际投入水平相一致。

假定 C 表示企业社会责任投入总成本函数，θ 表示企业承担社会责任项目的实际投入水平；M 表示企业承担海外社会责任项目时为了应对利益相关者的监督而承担的成本；ρ 表示企业为了弥补声誉损失而承担的声誉修复成本；π 表示公司满足利益相关者诉求的概率。那么，单一海外社会责任项目的收益如式(3-3)所示。

$$P(\theta)=V-\left[C(\theta)+\pi(\theta)\times M+\left(1-\pi(\theta)\right)\times\rho\right] \quad (3\text{-}3)$$

随后，考虑中国企业海外社会责任包含多个项目及需要面对不同的利益相关者，同一社会责任项目满足不同利益相关者诉求的概率 π 也不同。因此构建“一带一路”沿线企业履行海外社会责任的总收益函数如式（3-4）所示。

$$T(\theta)=\sum_{x=1}^{q}\sum_{y=1}^{w}P_{xy}(\theta) \quad (3\text{-}4)$$

其中，T 表示中国企业在“一带一路”沿线单一东道国履行社会责任所带来的总效益；x 表示社会责任项目；q 表示社会责任项目个数；y 表示利益相关者；w 表示利益相关者数量；P 表示式（3-3）中计算的单一社会责任项目的价值。

那么，“如何做”决策实质上就是考虑利益相关者反应情况下使得企业履行某一海外社会责任项目收益最大化[式（3-4）]时的社会责任投入水平（θ）的决策问题。

3.3.3　利益相关者诉求满足与沟通决策

企业履行海外社会责任所能产生的收益（ΔI_{ij} 和 ΔU_{ij}）受到利益相关者诉求满足的影响，而企业满足利益相关者诉求的概率（π）与利益相关者感知到的企业社会责任投入水平有关。而利益相关者与企业之间往往存在信息不对称而使利益相关者并不了解企业的实际投入情况，这就使得企业的社会责任沟通变得非常重要。企业如何与利益相关者沟通，也就是“怎么说”会影响利益相关者感知到的企业社会责任投入水平。一般而言，企业宣传的社会责任投入水平（s）与实际投入水平（θ）一致，但是也存在不一致的可能（如漂绿，green washing）。这种情况下，单一海外社会责任项目的收益如式（3-5）所示。

$$P(\theta,s)=V-\left[C(\theta,s)+\pi(s)\times M+\left(1-\pi(s)\right)\times\rho\right] \tag{3-5}$$

3.3.4 利益相关者诉求调整与反馈

从可持续发展的视角来看，企业在海外经营是一个长期的过程。利益相关者诉求得到满足后，继续满足其诉求就不再显得特别紧急；而对于那些没有得到诉求满足的利益相关者而言，在随后阶段满足其诉求就显得更加重要。那么，企业需要面对的利益相关者诉求排序（重要性）就会发生改变。因此，在评价企业社会责任“做得如何”时就要求企业用动态的思维来评价与利益相关者之间的关系并对社会责任投入做出动态调整。也就是说，企业应对利益相关者的监督而付出的成本（M）和恢复声誉的成本（ρ）及在随后年度满足利益相关者诉求的概率（π）都与以前年度利益相关者的诉求满足情况有关。那么，在动态演化视角下，企业单一海外社会责任项目的收益如式（3-6）所示。

$$P(\theta_t,s_t)=V_t-\left[C(\theta_t,s_t)+\pi(\theta_{t-1},s_{t-1})\times M(\theta_{t-1},s_{t-1})+\left(1-\pi(\theta_{t-1},s_{t-1})\right)\times\rho(\theta_{t-1},s_{t-1})\right] \tag{3-6}$$

总体而言，通过理论模型的构建和分析，本书给出“是否做、如何做、怎么说、做得如何”这四个阶段的统一理论模型框架。这一模型框架能够解决如下问题：第一，基于模型评价中国企业是否应该履行相应的海外社会责任；第二，通过对总投入成本和收益的考量衡量企业应该如何履行海外社会责任而最大化企业价值；第三，通过将利益相关者诉求满足设定为受企业社会责任沟通影响来分析应该如何与各方利益相关者进行沟通；第四，通过对利益相关者期望水平的评估来构建企业海外社会责任动态演化模型。

3.4 中国企业海外社会责任决策概览

通过以上分析，本书为构建企业海外社会责任的执行机制、沟通机制和反馈机制提供了一定的理论指导。但是，在探索理论问题的同时，也需要将理论成果应用于“一带一路”沿线中国企业海外社会责任决策及执行等领域的实践，指导企业开展应用，并基于实践反馈进一步修正和完善理论，从而形成“现实问题导向—理论框架构建—实践应用检验—理论框架修正—实践应用指导”的闭环体系。因此，中国企业在“是否做→如何做→怎么说→做得如何”各个阶段如何具体实施关系到企业是否能够真正实现“走出去→走下去→走进去→走上去”这一可持续发展路径。基于此，基于中国企业海外社会责任决策模型，本书将重点从以下四个方面进行分析。

第一，针对“是否做”决策，揭示“一带一路”沿线中国企业海外社会责任的驱动机制。紧扣“一带一路”沿线特征，以中国企业为分析对象，对企业对外直接投资相关研究进行分析，准确识别企业海外投资面临的风险；在此基础上，解析“一带一路”沿线中国企业海外社会责任的内涵特征；最后结合1.3节的内容，从国际社会、东道国、母国及企业层面识别企业海外社会责任的驱动因素。

第二，针对“如何做”决策，识别“一带一路”沿线中国企业的关键利益相关者及其诉求，揭示中国企业海外社会责任的最佳实践方式。从利益相关者的合法性、影响力及紧急性三个维度构建关键利益相关者评价指标体系进而识别出关键利益相关者及其诉求。针对关键利益相关者的诉求，选择最佳企业海外社会责任实践内容和投入水平。进一步，针对“一带一路”沿线经营环境的复杂性，分别结合国际社会、母国、东道国和企业自身的各种情境因素，揭示不同情境因素对中国企业海外社会责任最佳实践方式的影响。

第三，针对“怎么说”决策，平衡“一带一路”沿线中国企业与多维利益相关者间的关系，揭示中国企业海外社会责任的最佳沟通方式。企业社会责任的沟通方式包括沟通语言、时机和途径三个维度。本部分拟首先识别来自母国、东道国、“一带一路”沿线其他国家、西方国家中的众多利益相关者及其诉求，并进一步分析各利益相关者诉求间的冲突。随后，围绕利益相关者的诉求特点和多维利益相关者之间的诉求冲突，从战略性地选择海外社会责任信息披露语言的视角出发，结合文本语言和图像语言的特征分析最佳的社会责任信息披露语言选择；进一步，通过选择沟通时机平衡多维利益相关者之间的诉求冲突，同时分析信息传播环境和公司与利益相关者间的信息不对称性程度对选择沟通方式的影响；最后，将企业海外社会责任执行和沟通融合，从维护多维利益相关者关系视角分析企业海外社会责任“做”和“说”的权衡。

第四，针对“做得如何”决策，构建利益相关者诉求满足评价指标体系，融合利益相关者动态调整的视角，分析企业海外社会责任战略的演化机制。其一，分别构建东道国、“一带一路”沿线其他国家及西方发达国家的主要利益相关者的诉求满足评价指标体系，为评估中国企业海外社会责任的国际影响效果提供可量化的反馈信息；其二，分析利益相关者诉求满足水平对利益相关者在合法性、影响力和紧急性三个维度的影响；其三，基于利益相关者结构的调整来构建企业海外社会责任战略的动态演化机制。

其整体分析框架如图3-3所示。本书第4章至第7章将主要围绕以上每一部分的内容进行详细分析。

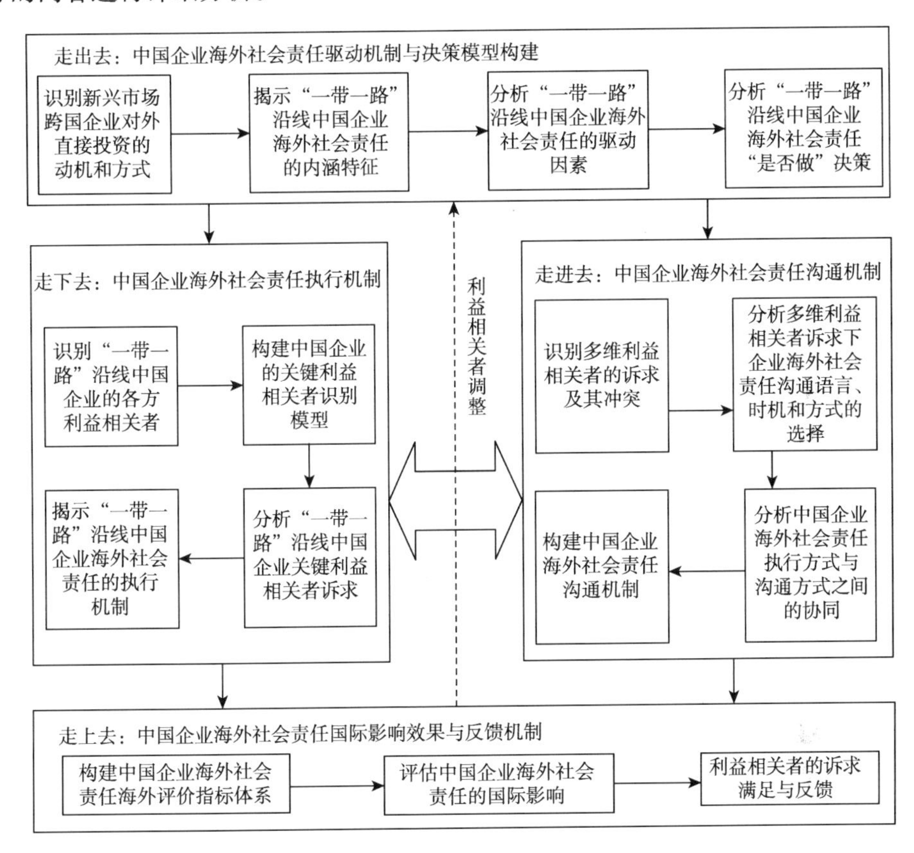

图 3-3　中国企业海外社会责任决策分析框架

3.5　本 章 小 结

基于中国企业在“一带一路”沿线履行海外社会责任面临的困境，本书构建了“走出去→走下去→走进去→走上去”这一可持续发展路径，并进一步提出了在路径中遇到的问题。基于此，本章针对关键问题构建了相关理论模型，进而为中国企业海外社会责任决策提供理论指导。最后，为了能够将理论成果应用于“企业海外社会责任决策及行为等领域的实践，针对每一个具体的决策进行了初步分析，进而构建整体分析框架图。本书第四章至第七章将主要围绕每一部分的内容进行详细分析。

第4章 “一带一路”沿线中国企业海外投资风险与社会责任驱动机制

本章围绕企业“走出去”过程中“是否做”海外社会责任这一决策，分析三个方面的问题：首先，通过回顾企业对外直接投资相关文献，从投资动因和投资方式两方面引出“一带一路”沿线中国企业“走出去”的特殊方式，解析“一带一路”沿线中国企业海外投资面临的独特风险；其次，与国外企业履行社会责任的特征进行对比，分析“一带一路”沿线中国企业海外企业社会责任的内涵特征，确定“是否做”决策这一理论模型中的决策变量及海外社会责任项目范围；最后，在1.3节内容的基础上，基于中国企业在“一带一路”沿线面临的特殊风险，分析中国企业履行海外社会责任的启动决策。具体内容如图4-1所示。

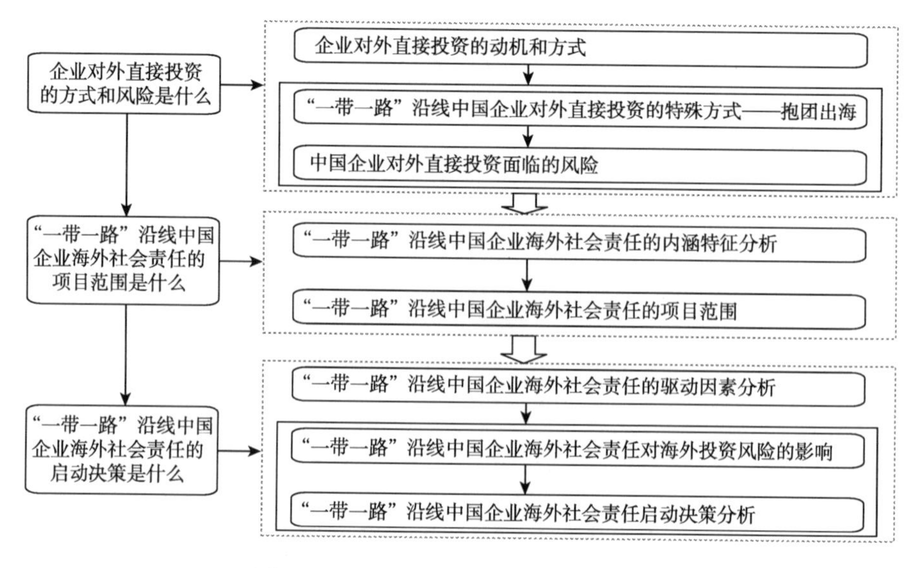

图4-1 企业海外社会责任启动决策框架

4.1 中国企业对外直接投资的特征与风险

4.1.1 企业对外直接投资的动因

对外直接投资是跨国企业拓展海外市场的重要方式之一，与出口之间存在替代（Chang，2005）或者互补（Kleinert and Toubal，2013）的关系，研究发现中国对东道国的对外直接投资对出口具有互补效应（顾雪松等，2016）。同时，现有关于企业对外直接投资的动因与决策的研究主要基于制度环境、行业因素、企业生产率、融资约束、资源寻求、管理者个人因素等方面（Cuervo-Cazurra and Genc，2008；Rui and Yip，2008；Hope et al.，2011；田巍和余淼杰，2012；Hoskisson et al.，2013；Gaur et al.，2014；Lu et al.，2014；王永钦等，2014；Wei et al.，2014；王碧珺等，2015）。阎大颖等（2009）研究发现政府政策扶持、海外关系资源及自身融资能力对企业对外直接投资的动机和能力有重要影响；同时，“引进来”战略显著地促进了中国企业对外直接投资的增加（李磊等，2018），且中国与东道国之间的相互依赖关系使得对外直接投资显著增加（Xia et al.，2013）。此外，双边投资协定能够弥补东道国制度的缺位，对于促进企业到制度环境较差的签约国投资有促进作用（宗芳宇等，2012），但是在作用效果上存在一定的政策工具和行业差异（杨连星等，2016）。从企业绩效水平来看，当企业实际绩效低于期望绩效时，企业更愿意选择对外直接投资。

从理论视角来看，制度理论、资源基础理论、OLI（ownership、location、internalization，所有权优势、区位优势、内部化优势）模型或折衷范式、跳板视角和组织学习理论是研究新兴市场跨国公司对外投资最常用的五种理论（Luo and Zhang，2016）。新兴市场跨国企业对外直接投资相关理论包含国际化理论和组织管理理论两个学派（吴小节等，2019）。其中，国际化理论以 OLI 模型为代表，认为企业进行对外直接投资的动机来源于所有权优势（ownership）、区位优势（location）及内部化优势（internalization）（Dunning，1981）；LLL 模型则在 OLI 模型的基础上提出新兴市场跨国公司进行对外直接投资的动机来源于外部资源联系（linkage）、杠杆（leverage）和学习（learning）方面获得的竞争优势（Mathews，2006）。

而组织管理理论以制度理论和资源基础理论为代表，认为新兴市场跨国企业对外直接投资的动机来源于母国政府的支持（Luo et al.，2010；Lu et al.，2014；Gaur et al.，2018）及逃离母国制度的约束（Witt and Lewin，2007）；Luo 和 Tung（2007）在此基础上提出了跳板观点，认为新兴市场跨国企业可以利用对外直接投资作为跳板进而获得企业的竞争优势。因此，现有关于企业对外直接投资动机方面的研究均聚焦于企业拥有的先发优势进而维持在海外投资时的竞争优势。

4.1.2 企业对外直接投资的目的地选择与投资方式

新兴市场的企业进行对外直接投资是国际商务领域当前关注的重点话题之一（UNCTAD，2015；Gaur et al.，2018）。许多研究分析了新兴市场企业走出去的区位选择和投资方式的选择（Luo and Zhang，2016）。从区位选择的角度出发，一方面，由于新兴市场的跨国公司在较弱的法律条件下运营时拥有更专业的知识，从而倾向选择欠发达国家进行投资，因为这有助于它们获得相对于发达国家企业的比较优势（Cuervo-Cazurra and Genc，2008）；另一方面，为了寻求更优的技术、市场和资源，新兴市场的跨国公司也会倾向到发达国家进行投资。同时，企业将根据其知识水平、自身能力和竞争对手的预期行动选择合适的投资地点（Alcácer and Chung，2007）。

特别是，自 A. Marshall 和 M. P. Marshall（1920）提出集聚和集聚外部性的概念后，越来越多的学者开始聚焦于集聚经济方面的研究（Li et al.，2018；苏丹妮等，2020）。产业集聚指处于特定领域的相关企业或机构，由于产业发展共性和互补性等特征，在特定地理区域形成相互支撑、相互联系的产业群或产业带的现象（陈建军和胡晨光，2008；吕承超和商圆月，2017；韩峰和李玉双，2019）。从动机来看，集聚理论认为产业集聚主要来源于 3 个外部性因素的影响：劳动力蓄水池（“人”）、中间投入共享（“物”）和知识技术溢出（“知识”）（Ellison et al.，2010）。从后果来看，许多学者从新经济地理学和空间集聚理论角度出发，围绕外部性特征研究发现产业集聚会对地区工资水平（杨仁发，2013）、环境治理（王兵和聂欣，2016）、企业出口（邵朝对和苏丹妮，2019）、企业生产率（苏丹妮等，2020）等产生影响。

随着研究的不断深入，有关产业集聚的研究逐渐拓展到国际商务领域。部分学者认为由于海外投资者需要获取东道国相关知识和技术，进而常常选择在同一行业的海外直接投资公司附近（industry FDI agglomeration）或在同一来源国的其他海外直接投资公司附近（country-of-origin FDI agglomeration）建立办公地址（Chung and Alcácer，2002；Tan and Meyer，2011）。例如，Smith Jr 和 Florida（1994）指出技术溢出、专业化劳动力和其他投入分担是企业集聚的主要原因，进而使得日本公司选择到有其他日本跨国公司的东道国进行投资。特别是，缺乏国际经验的日本公司更依赖于参考群体中其他公司过去的国际扩张决策，以此作为自己进入市场的线索（Henisz and Delios，2001）。同时，经验较少的日本跨国公司倾向与处于同一东道国的日本跨国公司合作。

有关海外直接投资产业集聚的研究表明，密集型产业的企业更有可能选择到高研发强度的国家或地区进行投资（Chung and Alcácer，2002）。同时，同行业企业之间建立的信任可以减少跨国企业在海外的信息搜索等成本而促进知识转移（Beugelsdijk and Mudambi，2013；Cano-Kollmann et al.，2016），并且能够为新进入的企业提供专业的劳动力和供应商（Tan and Meyer，2011），因此企业进行海外投资时更愿意选择到同行业企业集聚较多的地区投资。

有关海外直接投资来源国集聚的研究表明，跨国公司选择拥有更多来源国企业的地点投资，可享受持续的利益，如更容易获得资金、向外派人员及其公司提供社会支持及获得信息和其他资源。因此，当东道国存在制度空白或者正式制度不稳定及企业缺乏海外经历时，企业更倾向选择拥有更多来源国企业的海外地区进行投资（Tan and Meyer，2011）。进一步，基于来源国集聚的跨国公司更可能在其他拥有相同来源国集聚的地区建立子公司，并且会加速他们的扩张(Stallkamp et al.，2018)。

从投资方式选择的角度出发，新兴市场的跨国企业进入模式主要包括并购、合资和全资子公司、战略联盟、序贯进入战略等模式。研究表明跨国企业进入模式的选择与特定的环境相关。当东道国所处行业竞争强度较高时，全资子公司的模式进入更能突出跨国企业的优势；当东道国所处行业具有较大的发展潜力时，合资的模式进入更有利于跨国企业的发展。中国企业对外直接投资进入东道国的方式主要包括跨国并购和绿地投资。其中，企业的生产率、研发密度、广告密度等越高，营销网络越发达，越可能选择跨国并购的方式，但是母公司企业制度越规范，国家间公司差距越大，越倾向采用绿地投资的方式。

4.1.3　中国企业“抱团出海”的特征

李克强总理于 2015 年在秘鲁出席中资企业座谈会时提出，“在走出去过程中，面对地域文化差异和各种风险，企业一定要抱团出海，防止恶性竞争”[①]。同时，2015 年 5 月，《国务院关于推进国际产能和装备制造合作的指导意见》指出，“营造基础设施相对完善、法律政策配套的具有集聚和辐射效应的良好区域投资环境，引导国内企业抱团出海、集群式‘走出去’”[②]。

① 资料来源：http://www.xinhuanet.com/world/2015-05/24/c_127835188.htm。

② 资料来源：http://www.gov.cn/zhengce/content/2015-05/16/content_9771.htm。

中国企业“抱团出海”主要指母国当地两个及以上的业务无关企业选择同一个海外投资目的地进行投资而在东道国某一区域形成来自母国相同地区的企业聚集。其优势在于以下几方面。

其一，规模效应提高抗风险能力。从政策层面来看，商务部、中华人民共和国国家发展和改革委员会（简称国家发展改革委）积极制定企业走出去的相关文件，希望通过建立海外产业园、经济贸易区等方式带动企业“走出去”。例如，中国国际贸易促进委员会广东省委员会（简称广东省贸促会）、广东国际商会联合成立“广东国际商会非洲投资贸易联盟”，协助企业在非洲的乌干达、埃塞俄比亚等国设立产业园区及营销基地，推动了广东制造与非洲资源的整合与对接。同时，抱团出海的企业不仅能够在“一带一路”沿线国家获得较高的利润，而且在海外以商会的名义出面与当地政府进行洽谈，比“单打独斗”的出海企业更加有保障，风险更低①。

其二，强化企业间信任关系避免恶性竞争。抱团出海，建立中资企业在东道国的合作、信任关系也是为了避免恶性竞争，这一问题也是困扰中国企业走出去的突出问题。随着“一带一路”倡议的提出，越来越多的中资企业在海外开拓新的市场。但是，当前我国许多企业走出去主要受政府牵引，被动响应“一带一路”倡议，重竞争、轻合作，使得企业之间存在各自为战的局面。例如，在拉美、非洲、东南亚等国家基础设施领域的电站、公路、铁路及大坝等项目上，经常出现几家中资企业同时竞标的现象；并且有的企业通过低价策略拿到订单，导致中资企业间的恶性竞争。

其三，企业报团的积极性很高。对于同一地区（如同省、同市）的企业而言，当前“抱团出海”主要包含当地同行业企业以关系为纽带联合走出去、当地产业链上下游企业以业务为纽带抱团走出去和当地业务无关企业以信任为纽带抱团走出去三种方式。同行业“抱团出海”主要指企业选择到当地已经走出去的同行业企业聚集较多的东道国进行投资；同产业“抱团出海”主要指企业选择到当地已经走出去的同产业链企业聚集较多的东道国进行投资；业务无关“抱团出海”主要指企业选择到当地已经走出去的其他企业集聚较多的东道国进行投资。

从目前情况来看，我国企业以“抱团出海”的方式在境外建立了众多经贸合作区。据统计，“一带一路”沿线65个国家和地区中，截至2018年上半年，我国企业共在46个国家建设了113家初具规模的境外经贸合作区，并且通过商务部确认的境外经贸合作区达20个，累计投资348.7亿美元，入区企业4 542家，上缴东道国的税费28.6亿美元，为当地创造就业岗位28.7万个②。例如，安徽省农垦集团有限公司作为安徽省人民政府国有资产监督管理委员会直接监管的国有独资

① 资料来源：http://epaper.southcn.com/nfzz/242/content/2016-08/01/content_152809000.htm。

② 资料来源：http://mp.ofweek.com/park/a045683427116。

公司，为了积极响应省委、省政府推动更多企业“走出去”的号召，于 2013 年 6 月联合 27 家省内企业共同发起成立皖企赴津巴布韦合作开发联盟，推动皖企低成本、高效率出境“务农”[①]。

理论上，我国企业的“抱团出海”与发达国家跨国公司的海外产业集聚（如日本企业）有一定的相似性。国外发达国家的跨国企业主要通过产业集聚的方式形成抱团。例如，自 20 世纪 60 年代开始，日本企业大举向海外发展，较多采取“产业抱团”模式。然而，这些产业聚集模式主要通过正式制度，以财团间环形持股的方式，实现产、商、融的互联互通，形成以产业链长期合作为前提的上下游企业关系[②]。

概括起来，企业报团“走出去”的具体方式如图 4-2 所示。虽然有关跨国企业集聚方面的研究表明发达国家的企业进入发展中国家可能选择同行业企业（不同来源国或者相同来源国）较多的地区进行投资（Chung and Alcácer，2002；Chang and Park，2005；Tan and Meyer，2011），但是并没有考虑产业无关企业在东道国集聚的问题。

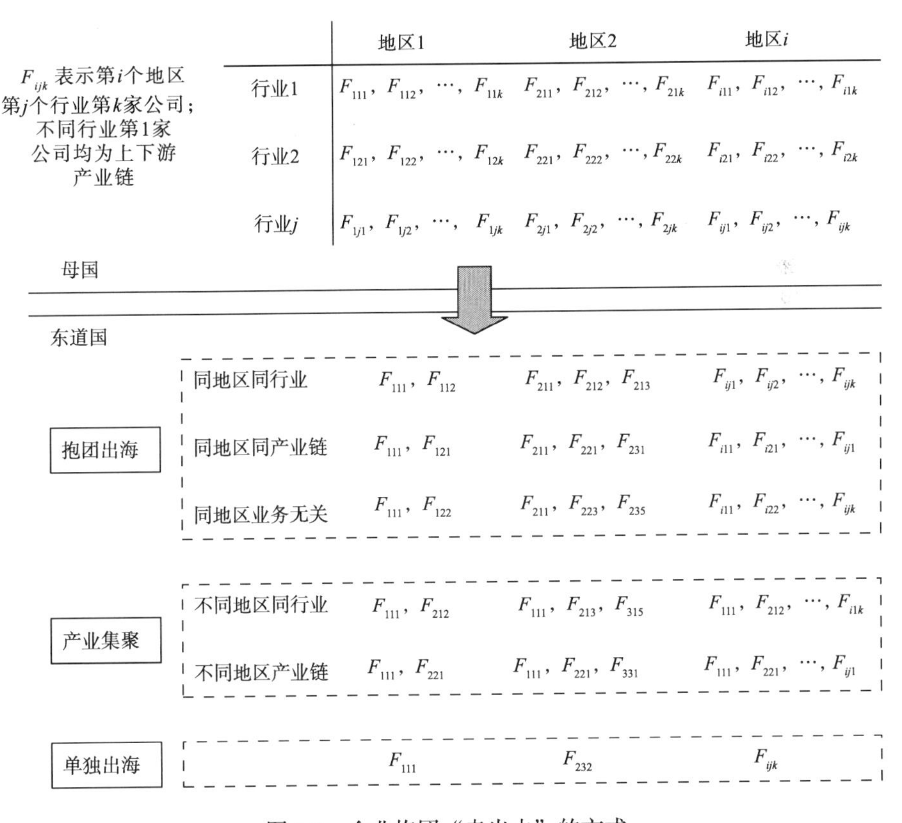

图 4-2 企业抱团“走出去”的方式

① 资料来源：http://www.cankaoxiaoxi.com/finance/20160826/1282478.shtml。

② 资料来源：https://www.sohu.com/a/357782218_120250211。

4.1.4 中国企业“抱团出海”的原因

“关系”是我国传统文化的重要组成部分，同一地区的企业在海外更容易建立信任关系而形成抱团。例如，我国特有的商帮文化使得晋商、粤商等商帮积极通过“抱团出海”的方式“走出去”，而形成中国企业“走出去”独特的抱团出海方式。

一方面，我国企业普遍缺乏国际化经验（Gaur et al.，2018），企业在“走出去”过程中面临许多风险与挑战。然而，在我国的社会文化中，人们通常非常重视“人情关系”。而“老乡”的概念作为中华文化的组成部分，也是形成“人情关系”的一个重要因素。因此，当跨国公司来自母国同一个地区时，公司之间具有共同的文化、理念和处事方式，更容易相互帮助、合作。因此，当同地区其他公司“走出去”之后，企业可以基于已经“走出去”的企业获得相应知识和技术，降低外来者劣势，进而降低海外投资风险；同时，母国同一地区的企业越多，越容易获得更多的东道国市场知识及技术方面的支持，进而提高经济效益。

另一方面，当企业处于相似的环境中时，他们之间会相互观察和模仿。许多学者也研究发现同行业或者同地区的企业之间相互影响更大。同时，为了获得合法性和降低不确定性风险，企业会模仿其他类似企业的行为（DiMaggio and Powell，1983）。因此，为了提高合法性和经济效率，企业更愿意通过“抱团出海”的方式走出去，即某一东道国目的地拥有的母国同地区企业的数量越多，该地区的企业越容易更快地“走出去”，并且会选择相同的东道国目的地进行投资。

另外，考虑到企业抱团出海的方式包含母国同地区同行业企业抱团、母国同地区上下游产业链抱团及业务无关的企业抱团三种方式，企业需要结合自身特征和东道国环境选择合理的抱团方式。

其一，母国同行业企业之间虽然可以共享行业知识降低外来者劣势，但是同行业企业之间也容易竞争进而不利于企业的海外发展。然而，在正式制度稳定的国家，同行业企业之间可以基于制度约束而建立更加稳固的关系，促进同行业企业之间的合作与发展。相反，在正式制度不稳定的国家，同行业企业之间容易产生恶性竞争。而企业之间更需要基于非正式制度建立稳固的关系而实现知识共享，促进企业的海外发展。因此，在正式制度健全的国家，企业更倾向选择母国同地区同行业企业较多的地区进行投资；而在缺乏正式制度的国家，则不必然。

其二，“一带一路”沿线面临着政治、经济、法律、文化等多方面的风险使得我国企业更难在海外进行投资。然而，商帮文化浓厚的地区，企业之间更愿意互相帮助。因此，商帮文化浓厚的地区，企业更愿意选择与其业务无关的企业在东道国投资较多的地区进行投资，在获得其他企业帮助的同时也帮助其他企业更好地发展。

4.1.5 中国企业"抱团"的风险

本书第1.3节详细分析了中国企业"走出去"过程中面临的一系列传统风险。然而，中国特殊的制度背景也使得中国跨国企业在"一带一路"沿线面临许多新的风险与挑战。因此，理清"抱团出海"的内涵特征，从宏观层面和微观层面全面解析"抱团出海"的具体行为方式和特征，进而分析"抱团出海"的企业面临的海外风险，是中国企业通过"抱团出海"的方式响应"一带一路"倡议，履行海外社会责任的前提。具体而言，本书定义的"抱团出海"与传统"走出去"方式和产业集聚的方式之间的异同概括如表4-1所示。

表4-1 "抱团出海"与传统"走出去"方式和产业集聚之间的比较

项目	抱团出海			传统"走出去"方式	产业集聚
	同地区同行业	同地区上下游产业链	同地区业务无关		
目的地选择	母国同地区同行业跨国企业集聚的地区	母国同地区上下游产业链集聚的地区	母国同地区其他企业集聚的地区	通过合资和全资子公司、并购等模式开辟新市场	不同地区的同行业或上下游产业链集聚的地区
在东道国的跨国企业间关系	竞争较少；非正式制度建立起中度的信任关系	竞争很少；上下游企业间相互依赖；非正式制度建立起较高的信任关系	无竞争；非正式制度建立起较低的信任关系	竞争激烈；缺乏信任与合作	竞争适中；正式制度建立契约式合作
企业面临的优势	获得当地行业知识	获得当地市场知识	获得当地知识	满足政治合法性	获得当地行业特有的资源
企业面临的风险	较高的负面溢出风险；关系容易破裂，进而风险自担	较高的负面溢出风险，但风险可被分担	适中的负面溢出风险；适度的风险分担	较高的政治风险、经济风险等传统海外投资风险；风险自担	较高的负面溢出风险；较高的政治风险、经济风险等传统海外投资风险；风险分担

"走出去"是一个长期的过程，与"引进来"相比，"走出去"的任务更艰巨、更困难、更复杂。"一带一路"倡议是我国当前的一项重大指引，是党中央、国务院根据经济全球化新形势和国民经济发展的内在需求做出的重大决策。因此，中国企业"走出去"可以获得政治合法性。然而，企业在"走出去"过程中面临来自海外的许多不确定性风险和外来者劣势，导致企业容易失去经济效率，故而中

国企业通过什么样的方式维持政治合法性与经济效率之间的平衡进而更快地“走出去”，仍然是一个悬而未决的问题。

虽然国家积极倡导企业通过“抱团出海”的方式走出去，使得我国企业可以实现资金、技术、资源的整合，进而享受到集群效益，如较高的利润、较低的风险、中国政府的支持、所得税的减免、企业间知识和技术的共享等，但是当前中国企业“抱团出海”的驱动机制并不清晰，并且在这过程中产生了许多问题。例如，同行业企业之间面临的问题主要是如何在市场运作、利益共享的基础上形成分工协作、优势互补的业务模式从而避免恶性竞争，而产业链上下游企业之间面临的问题主要是如何形成产业联盟从而避免搭便车行为及投资不足。

如表 4-1 所示，虽然“抱团出海”能够给我国企业在海外经营带来许多好处，从而有效防范部分传统风险，但是“抱团出海”也导致了一系列新的海外投资风险。特别是，“抱团出海”的企业普遍面临的问题是如何避免危机外溢和传染。例如，俄罗斯贝加尔湖畔一家生产瓶装水的中国企业由于破坏当地水质，不仅使得该企业生产被叫停，而且居民对附近所有中国企业都产生了负面态度[①]。因此，企业在海外履行社会责任除了防范和化解传统的海外投资风险以外，还要考虑如何借此构建起企业防火墙而防范危机外溢。

4.2 “一带一路”沿线中国企业海外社会责任的项目范围

4.2.1 “一带一路”沿线中国企业海外社会责任的内涵特征分析

“一带一路”沿线中国企业海外履行社会责任既可以借鉴多方面的企业社会责任经验，包括中国企业在国内和海外、西方发达国家跨国公司在中国和“一带一路”沿线的社会责任经验，也要结合“一带一路”的特征构建具有独特性的自身社会责任体系。因此，本部分通过对中国企业和外国企业履行社会责任的特征进行全面分析、对比，梳理出两者间的异同，最终得出“一带一路”沿线中国企

① 资料来源：https://baijiahao.baidu.com/s?id=1629873265483669729&wfr=spider&for=pc。

业海外社会责任的关键决策要素。

基于 3.3 和 3.4 节中的“是否做”这一理论模型，企业履行社会责任包含“做”和“说”两方面的内容，“做”主要指企业在实际运营过程中如何承担相应的社会责任，如对政府、社区、员工、环境等方面的责任；“说”主要指企业选择什么样的语言及通过什么样的方式与利益相关者进行社会责任沟通，如文本语言、图片语言、发布企业社会责任报告、媒体报道等。这就可以从本国企业在海内外、外国企业在中国和“一带一路”沿线国家的经验中吸取知识，而构建中国企业在“一带一路”沿线国家履行社会责任的内涵框架，如图 4-3 所示。

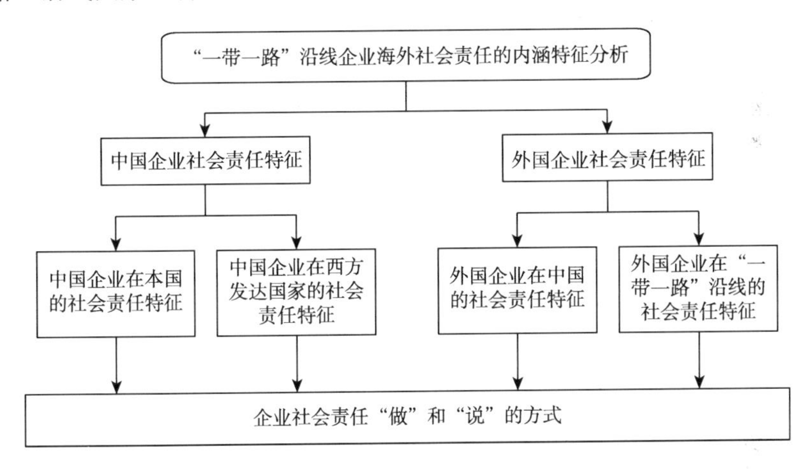

图 4-3　中国企业海外社会责任的内涵特征分析框架

第一，中国企业在本国的社会责任履行与中国政府的重视分不开。表 4-2 总结了 2006～2020 年我国政府关于企业发布社会责任的主要指导文件。例如，2006 年 10 月，中国共产党第十六届中央委员会第六次全体会议审议并通过了《中共中央关于构建社会主义和谐社会若干重大问题的决定》，把构建社会主义和谐社会摆在更加突出的地位，并进一步指出要着眼于增强公民、企业、各种组织的社会责任。特别是，深圳证券交易所于 2006 年发布了《上市公司社会责任指引》[①]，2008 年上海证券交易所发布了《关于加强上市公司社会责任承担工作暨发布〈上海证券交易所上市公司环境信息披露指引〉的通知》[②]，明确指出企业应该充分关注包括公司员工、债权人、客户、消费者及社区在内的利益相关者的共同利益。

① 资料来源：http://www.szse.cn/aboutus/trends/news/t20060925_517525.html。
② 资料来源：http://www.sse.com.cn/lawandrules/sserules/listing/stock/c/c_20150912_3985851.shtml。

表4-2　2006～2020年中国政府发布的关于企业社会责任的主要指导文件

文件名称	发布日期	发布机构	关键内容
中国企业社会责任推荐标准	2006 年 10 月	中国企业联合会可持续发展工商委员会	该标准旨在构建中国企业的社会责任能力，为中国企业提供参考的推荐标准和做法
上市公司社会责任指引	2006 年 9 月	深圳证券交易所	促进上市公司强化社会责任意识和积极承担社会责任，鼓励上市公司根据指引要求建立社会责任制度，形成社会责任报告，并与年度报告同时披露
中共中央关于构建社会主义和谐社会若干重大问题的决定	2006 年 10 月	十六届六中全会	着眼于增强公民、企业、各种组织的社会责任
关于加强银行业金融机构社会责任的意见	2007 年 12 月	中国银行业监督管理委员会	银行业金融机构履行社会责任是构建和谐社会的必然要求，履行社会责任是提升银行业金融机构竞争力的重要途径，银行业金融机构要高度重视银行社会责任问题，从我国国情出发，切实采取措施履行社会责任
关于中央企业履行社会责任的指导意见	2007 年 12 月	国务院国有资产监督管理委员会	为了全面贯彻党的十七大精神，深入落实科学发展观，推动中央企业在建设中国特色社会主义事业中，认真履行好社会责任，实现企业与社会、环境的全面协调可持续发展。中央企业要增强社会责任意识，积极履行社会责任，有条件的企业要定期发布社会责任报告或可持续发展报告
中国工业企业及工业协会社会责任指南	2008 年 4 月	中国工业经济联合会与中国煤炭、中国机械等 11 家工业行业协会	鼓励企业积极参与企业社会责任活动，包括 80 项企业社会责任标准，类别包括能源、环境保护、生产安全、产品安全、员工保护、弱势社会群体保护等
关于加强上市公司社会责任承担工作暨发布《上海证券交易所上市公司环境信息披露指引》的通知	2008 年 5 月	上海证券交易所	为倡导各上市公司积极承担社会责任，落实可持续发展及科学发展观，促进公司在关注自身及全体股东经济利益的同时，充分关注包括公司员工、债权人、客户、消费者及社区在内的利益相关者的共同利益，促进社会经济的可持续发展
关于做好上市公司 2008 年年度报告工作的通知	2008 年 12 月	上海证券交易所	在本所上市的“上证公司治理板块”样本公司、发行境外上市外资股的公司及金融类公司，应在 2008 年年报披露的同时披露公司履行社会责任的报告
企业内部控制应用指引第 4 号——社会责任	2010 年 5 月	财政部	企业社会责任主要包括安全生产、产品质量（含服务，下同）、环境保护、资源节约、促进就业、员工权益保护等

续表

文件名称	发布日期	发布机构	关键内容
中国慈善事业发展指导纲要（2011—2015年）	2011年7月	民政部	为指导和促进“十二五”时期我国慈善事业健康发展，制定本纲要。鼓励公民、企业和社会组织积极参与慈善事业，形成推动慈善事业发展的强大合力，开创公众普遍参与、社会捐赠和志愿服务显著增长、公益慈善组织运作高效公开透明的慈善事业发展新局面
关于中央企业开展管理提升活动的指导意见	2012年3月	国务院国有资产监督管理委员会	力争用2年时间，通过全面开展管理提升活动，加快推进中央企业管理方式由粗放型向集约化、精细化转变，全面提升企业管理水平，为“做强做优、培育具有国际竞争力的世界一流企业”工作奠定坚实基础。开展管理提升活动，全面提高管理水平，是中央企业更好地履行社会责任，完成党和国家赋予历史使命的必然选择
直销企业履行社会责任指引	2013年10月	国家工商行政管理总局	遵守法律、法规、规章和规范性文件，积极维护消费者、直销员、员工的合法权益和社会公共利益；营造公平、安全、稳定的行业竞争秩序，以优质的专业经营，持续为股东、员工、直销员和社会公众创造经济价值；提倡公益慈善，积极投身社会公益活动，支持国家产业政策和环保政策，节约资源，保护和改善自然生态环境，支持社会可持续发展
网络交易平台经营者履行社会责任指引	2014年5月	国家工商行政管理总局	为规范网络商品交易及有关服务行为，引导网络交易平台经营者积极履行社会责任，保护消费者和经营者的合法权益，促进网络经济持续健康发展。本指引所称社会责任是指网络交易平台经营者在经济活动中，对平台内经营者、消费者、企业员工、政府、社会等利益相关者所承担的责任和义务，包括法律社会责任、经济社会责任和道德社会责任
社会责任系列国家标准：社会责任指南；社会责任报告编写指南；社会责任绩效分类指引	2015年6月	国家质检总局和国家标准化委员会	系列标准的发布具有重大意义，将统一各类组织对社会责任的认识和理解，改变现在国内依据不同标准履行社会责任的混乱局面，给组织履行社会责任提供系统、全面的指导，将对提升国内社会责任水平起到重要作用。主要对什么是社会责任、包含哪些内容、如何履行给出指导
关于深化国有企业改革的指导意见	2015年8月	中共中央国务院	社会主义市场经济条件下的国有企业，要成为自觉履行社会责任的表率；国有企业在提升自主创新能力、保护资源环境、加快转型升级、履行社会责任中的引领和表率作用充分发挥
关于打赢脱贫攻坚战的决定	2015年11月	中共中央国务院	引导中央企业、民营企业分别设立贫困地区产业投资基金，采取市场化运作方式，主要用于吸引企业到贫困地区从事资源开发、产业园区建设、新型城镇化发展等。鼓励支持民营企业、社会组织、个人参与扶贫开发，实现社会帮扶资源和精准扶贫有效对接

续表

文件名称	发布日期	发布机构	关键内容
中华人民共和国慈善法	2016年3月	中华人民共和国	为了发展慈善事业，弘扬慈善文化，规范慈善活动，保护慈善组织、捐赠人、志愿者、受益人等慈善活动参与者的合法权益，促进社会进步，共享发展成果，制定的法律
关于国有企业更好履行社会责任的指导意见	2016年7月	国务院国有资产监督管理委员会	中央企业要增强社会责任意识，积极履行社会责任，成为依法经营、诚实守信的表率，节约资源、保护环境的表率，以人为本、创建和谐企业的表率，努力成为国家经济的栋梁和全社会企业的榜样
关于营造企业家健康成长环境弘扬优秀企业家精神更好发挥企业家作用的意见	2017年9月	中共中央国务院	引导企业家主动履行社会责任。增强企业家履行社会责任的荣誉感和使命感，引导和支持企业家奉献爱心，参与光彩事业、公益慈善事业、“万企帮万村”精准扶贫行动、应急救灾等，支持国防建设，在构建和谐劳动关系、促进就业、关爱员工、依法纳税、节约资源、保护生态等方面发挥更加重要的作用。国有企业家要自觉做履行政治责任、经济责任、社会责任的模范
《决胜全面建成小康社会 夺取新时代中国特色社会主义伟大胜利》报告	2017年10月	中国共产党第十九次全国代表大会	要动员全党全国全社会力量，坚持精准扶贫、精准脱贫
关于全面加强生态环境保护坚决打好污染防治攻坚战的意见	2018年6月	中共中央国务院	推进全民共治。政府、企业、公众各尽其责、共同发力，政府积极发挥主导作用，企业主动承担环境治理主体责任，公众自觉践行绿色生活。加强工业企业大气污染综合治理
关于打赢脱贫攻坚战三年行动的指导意见	2018年6月	中共中央国务院	激励各类企业、社会组织扶贫。落实国有企业精准扶贫责任，通过发展产业、对接市场、安置就业等多种方式帮助贫困户脱贫。深入推进“万企帮万村”精准扶贫行动，引导民营企业积极开展产业扶贫、就业扶贫、公益扶贫，鼓励有条件的大型民营企业通过设立扶贫产业投资基金等方式参与脱贫攻坚。持续开展“光彩行”活动，提高精准扶贫成效
关于深入开展消费扶贫助力打赢脱贫攻坚战的指导意见	2018年12月	国务院办公厅	动员民营企业等社会力量参与消费扶贫。将消费扶贫纳入“万企帮万村”精准扶贫行动，鼓励民营企业采取“以购代捐”“以买代帮”等方式采购贫困地区产品和服务，帮助贫困人口增收脱贫

因此，中国企业在母国的社会责任体系逐渐成熟，且定期发布企业社会责任报告的企业逐年增加（图4-4），涵盖投资者、政府、供应商、员工、社区、环境等多方面的社会责任体系日趋完善，给中国企业履行海外社会责任提供了丰富的经验。

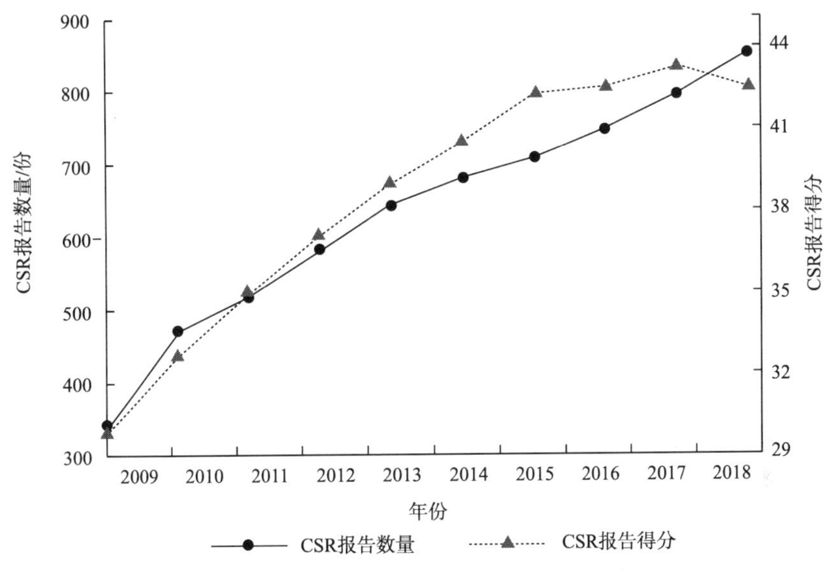

图 4-4 中国上市公司社会责任报告数量

同时，率先"走出去"的中国企业在西方发达国家履行社会责任的经验给中国企业在"一带一路"沿线履行社会责任提供了参考。2000 年 3 月，江泽民同志在全国人大九届三次会议上将"走出去"战略提高到国家战略层面上。2001 年，"走出去"战略正式写入我国《国民经济和社会发展第十个五年计划纲要》。因此，经过十多年的发展，截至 2013 年，我国 1.53 万家境内投资者在国（境）外设立 2.54 万家对外直接投资企业，分布在全球 184 个国家（地区），且我国对外直接投资累计净额（存量）达 6 604.8 亿美元，位居全球第 11 位①。2013 年"一带一路"倡议提出之后，我国企业国际化进程进一步加快。截至 2018 年底，我国超 2.7 万家境内投资者在全球 188 个国家（地区）设立对外直接投资企业 4.3 万家，全球 80%以上国家（地区）都有我国的投资。

整体而言，我国企业在海外积极承担社会责任，主要包含对环境、社区、员工及供应商等方面的责任。特别是，据《中央企业海外社会责任蓝皮书（2020）》，85%的中央企业认为在东道国投资的最大社会价值是带动税收和就业。同时，中央企业通过多种方式参与东道国的生态环境保护，如减少海洋污染、保护森林和植物及动物栖息地等，并积极开展环境评估，进而使得 96%的中央企业在海外运营过程中未曾因环境问题而对项目造成影响。可见，环境问题是我国企业在海外经营过程中面临的一个重要社会责任问题。企业除了积极履行海外社会责任之外，还通过多种方式进行海外信息披露和责任沟通。例如，《中央企业海外社会责任蓝

① 资料来源：http://fec.mofcom.gov.cn/article/tjsj/tjgb/201511/20151101190468.shtml。

皮书（2020）》显示，78%的中央企业定期与东道国的相关媒体、投资者等利益相关方进行沟通，51%的中央企业在东道国通过建立社交账号发布海外社会责任相关信息，43%的中央企业通过发布海外社会责任报告的方式促进与利益相关者的沟通交流。进一步，为了更好地履行海外社会责任，我国跨国企业在海外建立了海外社会责任主管部门，设立相关领导机构并制定了社会责任管理制度。因此，中资企业，特别是中央企业的海外社会责任实践，能够为“一带一路”沿线的中资企业更好地履行海外社会责任提供丰富的经验。

第二，从借鉴国外企业的社会责任经验来看，通过对外国企业在我国的社会责任履行情况和外国企业在“一带一路”沿线的社会责任履行情况进行分析，能够更好掌握外国企业社会责任的特征。据商务部统计，我国新设立外商投资企业数量不断增加（表 4-3）。外商企业在助推我国经济发展的同时，也积极承担社会责任，在生态保护、公益慈善等相关领域积极开展实践。

表4-3　2013～2019年中国新设立外商投资企业

年份	实际使用外资金额/亿美元	新设立外商投资企业/家
2013	1 175.86	22 773
2014	1 195.6	23 788
2015	1 262.7	26 575
2016	1 260	27 900
2017	1 310.4	35 652
2018	1 349.7	60 533
2019	1 243.9	36 747

社会责任实践包含企业的市场责任、社会责任和环境责任三个维度。2019 年外资企业 100 强的社会责任实践指数为 20.2 分，其中环境责任指数得分最高，社会责任指数次之，市场责任指数得分最低；显然，外资企业在中国更加注重环境责任和社会责任。

从社会责任管理的角度来看，外资企业十分重视社会责任的组织和沟通，不仅及时披露社会责任信息，并且还专门成立社会责任委员会。2019 年外资企业 100 强中有 81 家企业开设了社会责任专栏，积极披露相关信息，强化与客户、股东等利益相关者的沟通。例如，松下电器在中国历经 40 多年的发展，积极履行社会责任，推动企业可持续发展，连续多年参与“中国企业社会责任报告评级”，并连续 8 年发布了中国本土的企业社会责任报告，持续提升社会责任报告的规范性和公信度。

4.2.2 中国企业海外社会责任的项目范围

“一带一路”沿线中国企业海外社会责任受到东道国利益相关者的关注，同时受到母国甚至国际社会利益相关者的关注。本书3.2节中图3-1中的环形图表明，企业在满足母国和国际社会责任标准的同时，需要满足每一个东道国的企业社会责任标准体系。只有这样，企业才能建立最高标准的海外社会责任体系，从而获得利益相关者群体的支持与认可。如果企业忽略了东道国的社会责任标准体系，将导致“重内轻外”的局面，从而给我国企业带来严重的负面影响。例如，中国企业在非洲承包了许多项目，同时也雇用了一大批当地的员工。但是，部分中国跨国企业在员工薪酬标准上采取低标准。在纳米比亚，中国的建筑企业的工人工资只有法律规定最低工资的三分之一；在赞比亚，相比其他国家的铜矿，中国铜矿的工人的收入要低30%。中国企业违反了国际劳工组织公约的核心条款，进而给中国企业带来了严重的负面影响[①]。

进一步，本书第3章第3.2小节构建的式（3-1）表明中国公司在东道国应该遵循多维社会责任标准体系，进而选择合适的社会责任项目。由于中国特有的制度背景，中国企业传统上十分重视与当地政府之间的关系，而忽略了其他利益相关者的诉求。然而，“一带一路”沿线部分国家中的民众及非政府组织的力量相对更加强大，如果中国企业忽视了东道国的社会责任标准而仍然以中国社会责任标准为主，可能进一步增加企业的海外风险。以纳米比亚首都温得和克机场改扩建工程为例，中国企业通过建立与纳米比亚相关主管部门之间的关系而获得该项目，但是中国企业缺乏对舆论风险和民间不满情绪的重视和应对，没有满足公众的诉求，最终使得该项目被纳米比亚总统废标[②]。因此，中国企业在“一带一路”项目建设过程中履行社会责任时应该结合国际社会责任标准、东道国社会责任标准及中国社会责任标准，选择合适的标准体系参照履行相应的社会责任。

随着“一带一路”倡议的持续推进，许多企业走向不同的国家，可能面临不同的社会责任标准体系，这就需要企业选择恰当的标准体系在不同东道国承担不同的社会责任。例如，中国石油在哈萨克斯坦的项目执行过程中十分注重安全生产和环境保护，让那若尔油气处理厂项目不仅大大提高了能源利用效率，而且有效改善了环境，在环境保护方面为哈萨克斯坦其他石油企业起到了示范作用。

① 资料来源：https://www.sohu.com/a/127117185_558442。

② 资料来源：http://www.thecover.cn/news/1687435。

中国石油在非洲则更加注重改善当地民生，通过建立学校和医院等方式极大提高了当地医疗、教育、妇女及儿童的生活状况。

基于以上分析，中国企业在“一带一路”沿线如何履行社会责任需要基于西方发达国家、东道国、母国的社会责任标准体系，从图 4-3 中的四个方面收集整理相关经验，从而决定是否及如何启动海外社会责任项目。具体而言，从“做”的角度来看，中国企业在“一带一路”沿线履行海外社会责任的关键决策要素包含东道国政府、环境、社区、员工、投资者等方面的责任，具体表现为：基于国内企业社会责任实践，参考国内跨国企业在发达国家履行社会责任的经验，并进一步基于东道国环境履行合适的社会责任。从“说”的角度来看，中国企业在“一带一路”沿线履行海外社会责任的关键决策要素包含与关键利益相关者之间的沟通与联系，进而让利益相关者感知到企业履行的社会责任，具体表现为：利用东道国语言发布海外社会责任报告；海外子公司建立官方网站发布社会责任相关信息等。

这就要求“一带一路”沿线中国跨国企业能够有效评估企业履行海外社会责任之后的收益，从“做”和“说”两方面进行衡量，进而有效启动具体的海外社会责任项目。

4.3 “一带一路”沿线中国企业海外社会责任的驱动因素与启动决策分析

4.3.1 中国企业海外社会责任驱动因素分析

“一带一路”倡议促进了中国企业积极“走出去”，但是中国企业在“走出去”过程中面临一系列投资风险问题。本书第 1 章从国际社会、东道国、母国、企业、高管及员工层面全面分析了中国企业在“走出去”过程中投资风险的来源。同时，本章 4.1 节对中国企业对外直接投资的相关内容进行了分析。基于此，本部分基于第 1 章 1.3 节及本章 4.1 节的分析，从化解投资风险的角度揭示中国企业海外社会责任的驱动因素（图 4-5）。

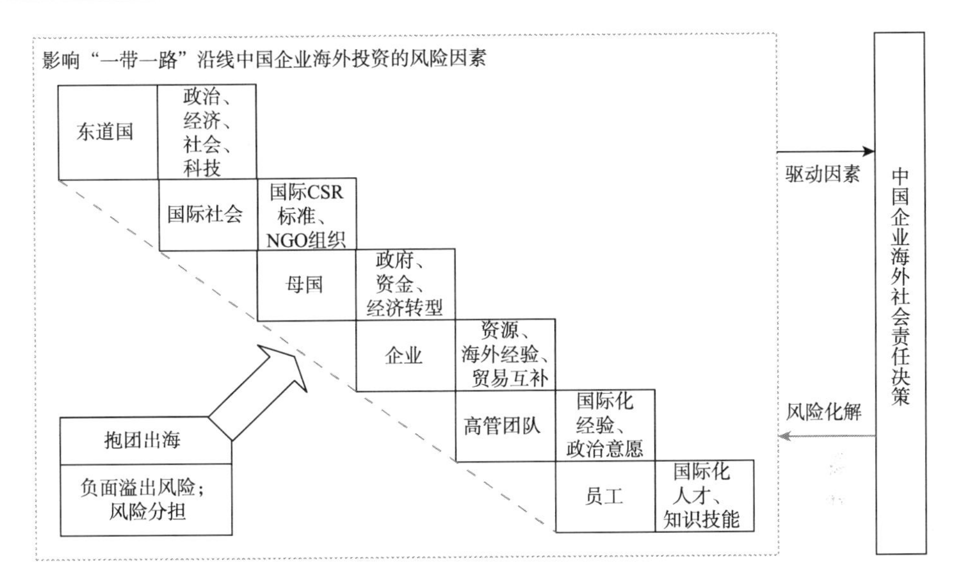

图 4-5 “一带一路”沿线中国企业海外社会责任的驱动因素分析框架

“一带一路”沿线中国企业海外投资面临的风险主要表现在受政治、文化等非市场因素的影响上。而履行海外社会责任能够建立合法性、获得东道国政府和民众支持、提升企业形象，从而化解海外投资风险。

具体而言，针对受国际环境影响产生的投资风险，中国企业遵循国际标准来履行海外社会责任可以降低西方发达国家的质疑，获得国际组织认可，进而降低投资风险。当前，非政府组织在国家治理和全球治理中的作用和影响越来越大，已成为双边、多边国际活动中的重要力量和全球治理体系的重要参与者。非政府组织是在地方、国家或国际层面上组织起来的非营利性的、志愿性的公民组织，其宗旨是促进社会公正、经济发展及世界和平。尽管我国提出“一带一路”倡议旨在强调平等参与、互利共赢，但仍然经常遭受一些国外非政府组织的反对。例如，尼加拉瓜运河发展项目自 2015 年正式启动以来，就一直受西方一些“人权机构”的特别关注，“国际人权联盟”称该项目会对环境和人权造成意想不到的破坏①。非政府组织已经成为影响中资企业海外发展的重要因素之一。特别是，非政府组织主要关注社会责任方面的问题，如环保、人权、贫困等方面。因此，跨国企业积极履行海外社会责任，满足国际社会责任准则，能够有效降低非政府组织对其海外经营的阻挠与反对。

针对受东道国环境影响产生的投资风险（如国家间关系风险、政治风险、社会风险、经济风险、法律风险、环境风险及公司治理风险），企业履行海外社会责

① 资料来源：http://mil.news.sina.com.cn/dgby/2016-10-16/doc-ifxwvpaq1437750.shtml。

任可以建立与东道国政府之间的关系，促进东道国经济发展，获得当地社区和民众的支持，促进与当地文化、宗教的交流与融合，从而获取合法性、建立声誉而降低投资风险。企业常常面临来自制度环境方面的合法性压力，而跨国企业在海外普遍面临着外来者劣势问题。外来者劣势主要是跨国企业进入东道国之后面临来自东道国的社会及文化方面的阻碍而影响跨国企业在东道国的发展（Zaheer，1995）。然而，积极履行海外社会责任的企业不仅能够获得更高的声誉进而帮助企业与东道国建立联系，而且也能帮助企业获得长期信誉，最终降低外来者劣势。例如，巴厘岛是国际旅游胜地，但岛上的电力长期处于供应不足的状态，且政府长期以财政预算形式补偿印度尼西亚国家电力公司，财政压力巨大。基于此，中国华电工程（集团）有限公司（简称华电工程）了解相关情况后，积极加强与印度尼西亚政府、印度尼西亚国家电力公司等相关方的沟通协调，于 2012 年全面开工建设。在建设过程中，该集团深知社会责任的重要性，严格遵守环保规定，尽可能减少对环境方面的影响；同时，该集团尊重当地的宗教、文化、风俗习惯，实现文化融合，在厂区专门设立了供穆斯林和印度教员工祷告的清真寺和神庙，在“开斋节”“宰牲节”等重要节日，公司会向当地员工和村民发放节日奖金和慰问品。从 2013 年至今，华电工程还捐资支持了当地 3 所学校的设施改善和公共设施、清真寺的修建。该项目不仅帮助巴厘岛政府解决了供电问题，而且公司积极承担相应的社会责任，得到了当地社区的支持。

针对受母国环境影响产生的投资风险，企业履行海外社会责任符合“一带一路”倡议强调的绿色发展理念而能够得到政府的政策、资金支持，同时推动企业适应国内产业升级，建立可持续竞争优势，进而化解海外投资风险。党的十八大报告提出了生态文明建设的战略决策，指出生态文明建设的重要地位和目标，对生态文明建设和生态环境保护提出一系列新思想、新论断、新要求，强调为全球生态安全做出贡献。特别是，2015 年 5 月，《中共中央国务院关于加快推进生态文明建设的意见》指出，加快推进生态文明建设是积极应对气候变化、维护全球生态安全的重大举措；并且鼓励优势产业走出去，提高参与国际分工的水平；进而以全球视野加快推进生态文明建设，树立负责任大国形象，把绿色发展转化为新的综合国力、综合影响力和国际竞争新优势，加强南南合作，开展绿色援助，对其他发展中国家提供支持和帮助。同时，党的十九大报告指出要着力解决突出环境问题，积极参与全球环境治理，落实减排承诺。因此，我国企业将国内生态文明建设实践经验转移到开展海外项目中，积极履行环境责任，能够有效提升母国对中资企业海外经营的支持。

受企业层面因素影响产生的投资风险，主要来源于管理团队和员工风险。中资企业在海外使用本地员工是反映企业海外社会责任绩效的重要指标之一，这样做能够显著降低外来者劣势，帮助企业更好地融入当地社会。例如，中国华电集团在巴厘岛项目中十分注重保障当地员工的权益，截至2015年11月，该项目共提供3 000个就业机会，雇用当地员工比例高达60%，同时还对当地员工进行了23次专业技能培训，当地员工平均收入在150美元/（人·月），高于当地平均收入水平。此外，中国电力建设集团有限公司（简称中国电建）自1999年进入赞比亚市场以来，涉及水电站、输电线路、道路、房建等多个领域十余个项目，在赞比亚分公司员工本地化比例近95%，劳动合同率和员工培训覆盖率均达100%。国内首部海外社会责任影像志——《中国电建在赞比亚》，生动地记录了中国电建在赞比亚开展工程建设的同时，积极参与社会公益事业，为当地民生造福，有效带动了中国标准、中国设计、中国制造“走出去”。

“抱团出海”作为我国特有的一种“走出去”方式，在“走出去”过程中虽然能够有效应对部分传统海外风险，如恶性竞争、政治风险、经济风险、法律风险等，但是也导致了新风险的产生，如负面溢出风险。正如4.1节所说，我国已经在“一带一路”沿线国家建立了许多境外经贸合作区，鼓励企业通过入驻合作区的方式抱团出海。在这一过程中，如果某一家中国企业管理不善带来了负面影响，可能对整个园区内的中资企业产生不良影响，不利于中资企业的海外发展。据此，积极履行海外社会责任的企业能够提高其在东道国的形象和声誉，建立声誉防火墙，从而有效降低负面溢出风险。例如，国务院发展研究中心企业研究所与英国企业责任及可持续发展研究专业机构Accountability公司于2009年与22家在非洲投资的中国企业面对面访谈发现，中国企业履行社会责任的主要动因包含担心某些管理不善的中国企业会对中国企业整体的良好表现和声誉带来不良影响和后果[①]。

4.3.2 中国企业海外社会责任启动决策分析

企业海外社会责任主要包含对政府、员工、环境、社区、投资者、供应商、消费者等方面的责任，而每一方面的社会责任包含不同的评价指标。基于本书3.2节中的式（3-1），企业履行海外社会责任的标准不仅涉及东道国的社会责任体系，还包含来自母国和国际企业社会责任标准体系。从图3-1可以看出，跨国企业履行的社会责任标准体系能同时满足东道国、母国及国际社会责任标准时是最优的企业海外社会责任标准体系。例如，东南亚国家联盟（简称东盟）分别于2007年和2015年通过了《东盟经济共同体蓝图》和《2025年东盟经济共同体蓝图》，为投资东盟的企业明确了相关的社会责任标准，指出推动劳动力市场本地化、提

---

① 资料来源：陈小洪，李兆熙，贾涛，等.《企业在非洲的社会责任》报告节选 在非中企高管普遍认同企业社会责任理念. WTO经济导刊，2012，（11）：40-42.

高当地员工技术水平等是跨国企业承担社会责任的首要目标①。

尽管中国企业履行海外社会责任能够有效降低投资风险，但是是否及履行哪些海外社会责任项目需要进一步进行收益比较分析，从而筛选出最优的海外社会责任项目库。基于此，参考本书第 3 章 3.3 节中构建的“是否做”决策模型[式（3-2）]，有效评估企业在“走出去”过程中是否应该履行及可以履行哪些海外社会责任项目，从而明确项目选择范围。例如，我们可以首先基于自身的经验或者同行的经验梳理出若干可能的社会责任项目，然后结合简单的收益比较分析来评估各个项目的可行性，即要明确每个具体社会责任项目所带来的预期收益（V）。这样就能初步形成一个社会责任项目库而为下一步社会责任项目实施奠定基础。

这里以是否通过履行员工责任来化解东道国政府可能给跨国公司带来的经营阻碍（如政治风险、法律风险等）为例比较两个项目：发布员工责任报告和建立员工培训中心。具体而言，员工责任方面的评价指标包含薪资待遇、福利待遇、培训机会、晋升渠道、工作环境、体面的工作机会、宗教信仰等维度。这就要评价企业就履行员工责任所能获得政府认可的影响程度（例如投入 50 万元编制符合当地标准的员工责任报告能够得到当地政府的表彰或者投入 50 万元建立一个员工职业培训中心并通报给当地政府）。基于式（3-2），对于政府而言，其主要依靠企业“如何说”来评价企业履行员工责任的好坏，那么，企业“说”就更为重要。第一种情况下，假设当地政府对企业的认可度提高了 10 分；而第二种情况下当地政府对企业的认可度提高了 3 分。显然，第一种执行方式更为有效。基于此，我们就可以通过权衡不同项目的收益而筛选可行的员工社会责任项目。另外，从防范“抱团出海”的外溢风险角度来看，企业为了构建风险防火墙，可以考虑通过差异化的社会责任战略来获得利益相关者的认可。例如，如果当地中资企业在环境保护方面表现平平，那么，鉴于环境保护投入能够更有效地得到当地利益相关者的认可和支持，企业就可以考虑重点做好环境保护工作并加大投入，从而获得当地政府及其他利益相关者更高的评价，建立声誉，从而防范风险外溢。

我们以紫金矿业的海外社会责任实践为例。紫金矿业是一家以金铜等金属矿产资源勘查和开发为主的大型跨国矿业集团，是中国矿业行业效益最好、控制金属矿产资源最多、最具竞争力的大型矿业公司之一。紫金矿业在国内 14 个省（区）和海外 12 个国家拥有重要矿业投资项目，包括福建紫金山金铜矿、黑龙江多宝山铜矿、刚果（金）科卢韦齐铜钴矿、塞尔维亚波尔铜矿、哥伦比亚武里蒂卡金矿等一批大型在产矿山，以及西藏巨龙铜矿、刚果（金）卡莫阿铜矿、塞尔维亚 Timok 铜金矿等世界级超大型高品位在建矿山。

特别是，公司海外金、铜、锌资源储量和矿产品产量超过或接近集团总量的

① 资料来源：http://csr.mofcom.gov.cn/article/hwlz/zczn/201811/20181102808454.shtml。

一半，利润贡献率在集团占比超过三分之一。尽管公司将安全环保视作企业生存和发展的生命线，全面推进绿色矿山和生态文明建设，但是不同东道国的利益相关者诉求不尽相同。因此，紫金矿业需要有效决策在不同东道国如何启动合适的海外社会责任项目。一般而言，跨国企业在海外需要承担社区、环保、经营者、投资者、员工、东道国政府及母国政府这几个方面的社会责任。紫金矿业 2013 年在“一带一路”沿线的海外项目主要在澳大利亚、俄罗斯和吉尔吉斯斯坦这三个国家。基于式（3-1），紫金矿业需要在不同东道国选择合适的海外社会责任标准，从而确定具体的海外社会责任项目库，并且基于式（3-2）决策是否应该启动具体的海外社会责任项目。例如，社区和员工方面的社会责任能够快速帮助公司获得当地民众的支持，这对于新成立的公司而言相对更为重要。但是启动哪一方面的社会责任需要针对不同东道国进一步考虑。

紫金矿业控股子公司吉尔吉斯斯坦奥同克有限责任公司不仅积极参与当地社区基础设施建设，为附近社区推行社会援助计划，而且关心关爱员工，组织员工参加周六义务劳动，成立面向员工与当地居民的汉语学习班和俄语学习班等。在澳大利亚，紫金矿业控股子公司诺顿金田有限公司主要聚焦于当地社区学校、公共道路修缮等方面的社会责任，使社区居民获得了在别处很难获得的支持和帮助，深受当地政府和居民的认可和肯定。而紫金矿业在俄罗斯的公司紫金龙兴则针对当地医院和学校进行了捐助。

4.4 本章小结

“走出去”是中国企业响应“一带一路”倡议号召的第一步，而在“走出去”过程中如何降低海外投资风险是本章重点解决的问题。企业在政府推动和发挥自身优势的条件下更愿意通过并购、合资及独资等方式进行对外直接投资。我国独特的制度背景和文化背景使得我国跨国企业倾向通过“抱团出海”的方式开展海外业务。然而，企业通过“抱团出海”的方式“走出去”虽然能够在一定程度上克服部分传统风险，但是在这一过程中也导致了新风险的发生，如负面溢出风险，这不利于企业海外长期可持续发展。基于此，本章从企业海外社会责任的角度出发，全面分析了企业履行海外社会责任、降低海外投资风险的必要性及企业应该如何基于西方发达国家、东道国及母国的社会责任标准体系选择合适的海外社会责任项目库，并进一步基于“是否做”决策从收益比较角度筛选企业可以考虑启动的海外社会责任项目。本章的内容为后续“如何做”及“如何说”提供了决策基础。

第5章 “一带一路”沿线中国企业海外社会责任执行机制

企业参与“一带一路”建设，不仅需要实现“走出去”，更要在“一带一路”沿线国家落地、生存下来，进一步实现“走下去”。就西方发达国家跨国公司的经验来看，履行海外社会责任是其获得合法性和独特竞争优势的途径和手段。而对于我国企业而言，一方面，由于企业国际化经验积累时间较短，另一方面，“一带一路”沿线国家众多，环境复杂，如何在沿线国家履行社会责任，获得合法性、提升声誉是企业面临的难点。虽然企业在“走出去”的过程中已经注意到履行海外社会责任的重要性，也知道要确定海外社会责任项目库，但是如何将有限的资源投入众多的社会责任项目中以达到最佳的经济和社会效果，这是“走下去”阶段需要关注的问题。

5.1 企业履行海外社会责任的资源分配逻辑

企业社会责任的逻辑起点是利益相关者的共同治理，因而企业履行社会责任的本质在于通过企业资源的投入去满足利益相关者的诉求，构建与利益相关者的良好关系，支持企业的长久发展。但是资源的稀缺性使得企业无法同时满足所有利益相关者的诉求，因而企业必须对其有限的资源进行分配，优先满足对其来说处于相对关键地位的利益相关者的诉求。因此，需要首先在企业的众多利益相关者中识别出企业的关键利益相关者；然后，对关键利益相关者的期望做出进一步的分析，以识别出关键利益相关者期望企业履行社会责任的内容、方式及投入水平，从而对企业的社会责任资源投入做出合理的分配，在优先满足关键利益相关者诉求后，再满足其他利益相关者诉求，以提高企业社会责任的经济和社会效益。

因此，企业社会责任履行的逻辑在于：利益相关者识别→关键利益相关者识别→关键利益相关者诉求识别→优先满足关键利益相关者的诉求→平衡各利益相关者的诉求。即企业在履行社会责任时要坚持全面和重点突出的工作方法，既要优先满足关键利益相关者的期望又要较为全面地兼顾其他利益相关者的诉求。同时还要坚持具体问题具体对待，针对关键利益相关者的诉求和其他利益相关者的诉求选择合适的企业社会责任履行方式和企业社会责任投入水平。例如，企业的关键利益相关者是员工，而员工的关键利益诉求是薪酬，则企业需要选择合适的方式去满足员工的薪酬诉求，到底是通过固定薪酬制度还是股权激励制度去满足员工的薪酬诉求，则需要企业根据自身和外界环境去做具体分析。

具体到中国企业在“一带一路”沿线国家履行社会责任，企业在遵循上述逻辑的基础上需要进一步识别其所处的经营环境。对于在“一带一路”沿线经营的中国企业而言，其利益相关者格局极为复杂。首先，中国企业在参与“一带一路”倡议“走出去”的过程中不仅牵涉“一带一路”沿线国家的利益相关者还牵涉母国的利益相关者及其他国家的利益相关者。母国利益相关者，会对中国企业在“一带一路”沿线国家履行社会责任表现出一定的不理解，认为国内还存在贫富差距、养老、教育、医疗等社会问题，应该先解决好自己的问题再到国外开展慈善公益活动。

就其他国家利益相关者而言，以美国为首的西方发达国家对于中资企业在“一带一路”沿线的活动尤其关注，如2017年5月4日和5月5日美国《纽约时报》中文网以“中国式新殖民主义”为题，连续做了2篇系列报道。这2篇报道分别以“全天候的朋友”和“新的边疆”为主题，从中国工程师、中国餐饮店主、中国矿主等角度，浓墨重彩描绘了中国企业在纳米比亚的投资和建设，并将中国的做法与第二次世界大战后美国的马歇尔计划相比较。报道中称，在经济和政治的驱动下，中国的公司和工人涌入世界各个角落。中国将在非洲建设铁路和军事基地，中国的“一带一路”倡议将在接下来的十年里投资1.6万亿美元用于亚洲、非洲和中东各地的基础设施和开发，让美国在第二次世界大战后向欧洲提供的马歇尔计划也相形见绌。这些报道也表明西方发达国家对于中资企业在“一带一路”沿线的活动是非常关注的，并且受西方价值观的影响会对相关活动做出不同的解读，也会影响中国企业海外业务的顺利开展。

其次，不同的利益相关者对于企业生存和发展起到的作用是不同的，进而导致其对于企业的利益诉求及企业满足其利益诉求的紧迫性不同。例如，在哈萨克斯坦等失业率较高的国家，东道国政府对中资企业的利益诉求及期望是通过招聘当地员工来提高本国就业率，而当地员工对于中资企业的诉求则是希望中资企业在尊重当地风俗习惯的前提下，为自己的合法权益提供保障，提高收入和技能。

因此，如何识别出对中国企业在“一带一路”沿线生存和发展起到关键作用的利益相关者及其诉求和期望，是中国企业在“一带一路”沿线履行社会责任时面临的关键问题。

最后，企业利益相关者的重要性不是固定不变的，其利益相关者格局是随着环境的变化而变化的，企业原来的关键利益相关者可能随着情境的变化而成为企业的次要利益相关者，次要利益相关者也可能变成企业的关键利益相关者。同时，利益相关者的诉求或者期望也会随着环境的不同而不同，如“一带一路”沿线各国经济发展差异巨大，经济发展水平高的国家和经济发展水平较低的国家中相同类型的利益相关者对于中国企业履行社会责任的诉求可能存在差异。

按照以上逻辑，本章内容主要包括中国企业在“一带一路”沿线的关键利益相关者及其诉求识别和关键情境因素分析等三个部分。首先，参考 Mitchell 等（1997）的利益相关者识别框架，企业在“一带一路”沿线执行社会责任时要在东道国利益相关者、母国利益相关者和其他国家利益相关者等众多利益相关者中识别出企业的关键利益相关者。其次，识别出企业的关键利益相关者后要进一步地识别出企业的关键利益相关者对于企业社会责任履行内容、方式及投入水平的期望，从而以采取符合关键利益相关者期望的社会责任履行方式去满足其诉求，获得合法性和独特竞争优势，支撑其在“一带一路”沿线的生存和可持续发展。最后，值得注意的是，企业的利益相关者结构是随着企业所处环境的变化而变化的，企业通过履行社会责任满足利益相关者诉求的同时需要注意识别企业所处的关键情境。中国企业在“一带一路”沿线履行社会责任时需要考虑的情境主要包括国际环境、东道国环境、母国环境及企业内部环境。企业要结合不同情境进一步分析企业在该情境下的利益相关者格局，从而做出合理的企业社会责任执行决策。总体而言，本章主要内容及其逻辑关系如图 5-1 所示。

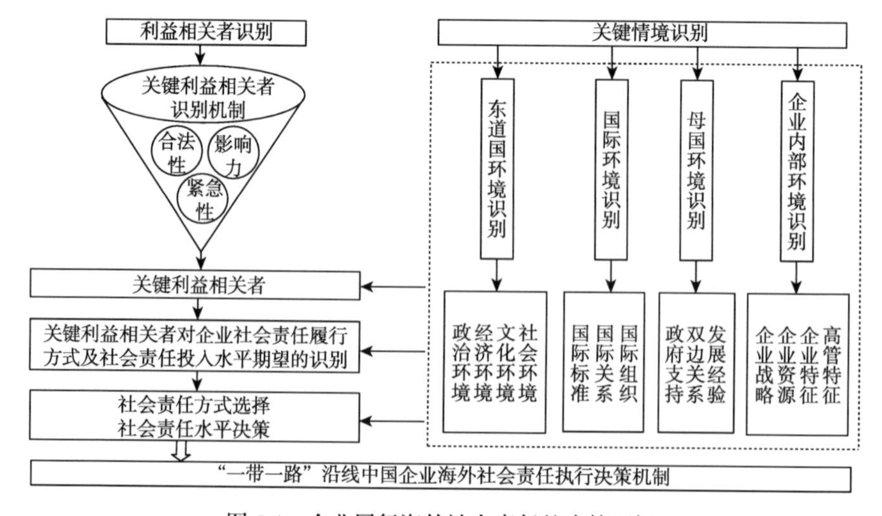

图 5-1　企业履行海外社会责任的决策逻辑

5.2 关键利益相关者识别

从众多利益相关者中识别出企业的关键利益相关者是企业通过履行社会责任进行利益相关者管理获取合法性的关键一步。从广义的利益相关者定义来看，企业的利益相关者是受企业经营活动影响或影响企业经营活动的群体或个人（Freeman，1984）。具体到企业参与“一带一路”沿线建设“走出去”的过程中，涉及的主要利益相关者包括东道国的利益相关者、母国的利益相关者和第三方利益相关者。就东道国利益相关者而言，企业在东道国进行投资、贸易等商业活动时，受其经营活动影响或影响其经营活动的主体包括东道国的政府、相关企业、员工、消费者、非政府组织及社区等。就母国利益相关者而言，企业参与“一带一路”建设离不开中国政府的支持，母国股东、债权人、供应商、客户、消费者、员工也都会因企业“走出去”而受到不同程度的影响。例如，“一带一路”沿线国家大多是发展中国家，企业在当地很难找到合适的供应商，往往仍需要依靠国内供应商的支持。就第三方利益相关者而言，“一带一路”沿线其他国家及西方国家的跨国企业均会对中国企业在“一带一路”沿线国家的商业活动产生影响，如其他国家的跨国企业既是中国企业潜在的竞争者又是其可能的合作者。

总之，对于参与“一带一路”倡议的中国企业而言，其利益相关者是多元而复杂的，而各利益相关者对于企业的生存和发展起到的影响及受到企业影响的程度也不一样。因而，众多利益相关者并不需要“等量齐观”，“分类治理”才是企业保持持续发展的必然选择。而企业资源的有限性也使得企业难以满足其众多利益相关者的诉求，因而识别出对企业生存和可持续发展起到关键作用的关键利益相关者并首先满足企业关键利益相关者的诉求是企业进行利益相关者管理的必然选择。

这里，关键问题就在于如何从企业的众多利益相关者中识别出企业的关键利益相关者。借鉴 Mitchell 等（1997）对于利益相关者的划分方法，从利益相关者的合法性（legitimacy）、影响力（power）及紧急性（urgency）角度去划分中国企业参与“一带一路”沿线建设过程中牵涉到的利益相关者，进而识别出中国企业在“一带一路”沿线开展商业活动时的关键利益相关者。其中合法性指的是利益相关者对于企业的利益诉求是合乎规范、具有合法性的；影响力指的是利益相关者对企业生存和可持续发展的影响程度；紧急性指的是满足利益相关者诉求的急迫性。

进一步地，就如何判断各利益相关者的合法性、影响力及紧急性的高低，我们参考 Agle 等（1999）的文章初步构建了如表 5-1 所示的测量指标。企业可以根据其最近一段时间（一个月）内对于各利益相关者的观察，对各题项进行评分（1～7分，其中1分表示非常不赞同，7分表示非常赞同），并采用式（5-1）去计算企业各利益相关者的重要性得分（S）。

$$S=\sum_{i=1}^{3}\sum_{j=1}^{n}C_{ij} \tag{5-1}$$

其中，i表示各评价维度（即合法性、影响力、紧急性等三个维度）；j表示各评价维度的题项；n表示各评价维度的题项数，即j的个数；C_{ij}表示某评价维度的题项的得分。如果利益相关者的最终得分越高，则其对企业起到的关键作用就越强。

表5-1　利益相关者重要性评价指标

维度	题项	利益相关者						
		政府	社区	供应商	消费者	经营者	投资者	员工
合法性	公司高管认为该利益相关者的诉求是合情合理的							
	公司高管认为该利益相关者的诉求是不合适的							
	该利益相关者得到了公司管理层的高度重视							
	该利益相关者得到了公司管理层的长时间的高度关注							
	满足该利益相关者的诉求对于公司管理层而言很重要							
影响力	该利益相关者有能力对企业进行直接的经济奖励与惩罚（包括商品、服务及资金等方面的奖励与惩罚）							
	该利益相关者具有强制或武力（枪、锁、破坏等）以及具有合法运用强制力量的渠道							
	该利益相关者能对企业产生正向或负向的社会影响							
	该利益相关者有影响我们公司的能力及渠道							
紧急性	该利益相关者积极追求其认为重要的诉求							
	该利益相关者积极寻求公司管理团队的关注							
	该利益相关者紧急向公司提出了其诉求							

资料来源：Agle等（1999）

如图5-2所示，紫金矿业在2012～2014年刚刚进入吉尔吉斯斯坦时，根据各利益相关者的重要程度确立了优先履行属于社区、经营者的社会责任，这些也是利益相关者关心的社会议题；而在员工、投资者及环保等社会责任维度上则暂缓执行。

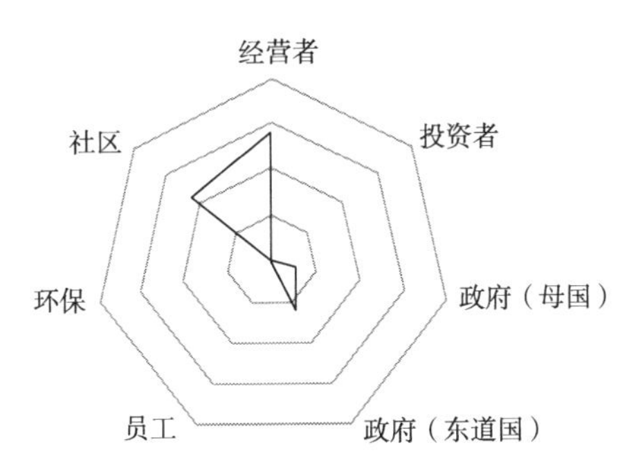

图5-2 紫金矿业在吉尔吉斯斯坦的关键利益相关者

5.3 关键利益相关者的诉求识别

履行社会责任作为企业满足利益相关者诉求、获得合法性和竞争优势的一种手段，要想取得切实成效，必须首先对于利益相关者期望企业履行社会责任的方式及投入何等水平的资源去履行何种社会责任有所了解，从而有针对性地采取能够基本达到利益相关者期望的社会责任履行方式及水平，实现企业社会责任的收益最大化。除考虑利益相关者的期望外，企业还应结合自身的战略定位和资源优势及企业能力去确定能够承担和践行的社会责任。两者结合，确定最佳的社会责任执行方案。

5.3.1 利益相关者的诉求评估

一般而言，企业的社会责任内容包括经济责任、法律责任、道德责任等强制性社会责任和自由决定的策略性责任及慈善性责任等自愿性社会责任（Jamali，2008）。根据利益相关者理论，企业应该对其债权人、员工、供应商和客户、政府、社区及环境等利益相关者履行社会责任，满足利益相关者诉求以获取其支持与合法性，从而更好地生存和发展。企业社会责任的议题是极为广泛的，企业在履行社会责任时首先需要识别出关键利益相关者的诉求。具体而言，企业可以通过向其利益相关者发放问卷的方式来了解利益相关者关心的议题（诉求）。如表 5-2 所示，这里给出的问卷示例能够帮助企业识别各利益相关者关注的社会责任议题及其诉求要点。

表5-2　各利益相关者诉求及其期望识别

东道国当地政府									
贵政府期望的中资企业纳税比例是？									
贵政府期望中资企业对当地的 GDP 贡献率是多少									
贵政府期望中资企业的本地员工比例是多少？	20%及以下	21%～40%	41%～60%	61%～80%	81%及以上				
贵政府最期望中资企业能够在当地做些什么？（按 1—6 进行排序，数值越大表示越重要）	发展当地经济	增加当地就业	保护当地环境	增加政府收入	传播知识与技术	改善当地基础设施建设			
贵政府期望中资企业在促进当地经济发展方面做出哪些努力？（按 1—3 进行排序，数值越大表示越重要）	促进东道国贸易和投资	带动东道国企业发展	推动东道国充分的市场竞争						
贵政府期望中资企业在当地的环境保护方面做哪些努力？（按 1—9 进行排序，数值越大表示越重要）	保护当地水源	保护当地生态系统	植树造林	减少污染	能源保护	将商业活动对当地生物物种的负面影响最小化	将运营过程中对东道国动物栖息地的影响最小化	将商业活动对能源和资源的消耗最小化	将运营过程中对东道国所在地区的地貌和景观影响最小化
贵政府期望中资企业在当地的基础设施方面做哪些努力？（按 1—6 进行排序，数值越大表示越重要）	通信设施	电力设施	铺桥修路	水利建设	能源开采	文物保护			

续表

东道国员工									
您的性别									
您的年龄（填空）									
您期望的薪资水平是？（填空）									
您的教育背景？（单选）	本科以下	本科	硕士研究生	博士研究生	其他				
您的宗教信仰是（单选）	伊斯兰教	基督教	佛教	无宗教信仰					
您最期望中资企业保护您的（按 1—7 进行排序，数值越大表示越重要）	薪资待遇	福利待遇	尊重您的宗教信仰	提供培训	提供上升渠道	提供良好的工作环境	提供体面的工作机会		
您期望中资企业为您提供哪些福利待遇？（按 1—5 进行排序，数值越大表示越重要）	五险一金	生活补贴	育儿节假日	领导慰问	困难帮扶（子女入学、医疗救助）				
您期望中资企业在尊重您的宗教信仰方面做出哪些努力（按 1—3 进行排序，数值越大表示越重要）	尊重您的服装	尊重您的宗教生活	组织宗教活动						
东道国社区居民									
您最期望中资企业为当地社区做出哪些贡献？（按 1—5 进行排序，数值越大表示越重要）	促进男女平权	提升教育水平	改善医疗条件	与社区居民和平相处	环境保护				
您期望中资企业在促进社区男女平等方面做出哪些努力？（按 1—4 进行排序，数值越大表示越重要）	为女性提供平等的受教育机会	为妇女提供平等的就业机会	为女性员工提供平等的上升渠道	为女性员工提供平等的薪资水平					

续表

您期望中资企业在提升社区内教育水平方面做出哪些努力？（按 1—5 进行排序，数值越大表示越重要）	建、改校舍	捐书	加大科研投入	校企合作	奖助学金				
您期望中资企业在改善社区医疗条件方面做出哪些努力？（按 1—3 进行排序，数值越大表示越重要）	捐赠药品	医疗讲座	防御传染性和非传染性疾病						
您期望中资企业在与社区内居民和平共处方面做出哪些努力？（按 1—5 进行排序，数值越大表示越重要）	注重与社区居民的信息披露和沟通	尊重当地居民宗教信仰及习俗	组织社区文娱活动	组织志愿服务活动	考虑公众因事故、人为或自然灾害（包括极端气候事件）而面临的风险				
消费者									
您最期望中资企业保护您哪方面的权益（按 1—5 进行排序，数值越大表示越重要）	产品安全	服务规范	售后维权	尊重和保护隐私	鼓励消费者教育				
您期望中资企业在产品安全方面做出哪些努力？（按 1—4 进行排序，数值越大表示越重要）	提供高质量产品	打击假冒伪劣	为消费者提供准确信息	价格公道					
您期望中资企业在售后维权方面做出哪些努力？（按 1—2 进行排序，数值越大表示越重要）	提供售后维权渠道	为消费者提供公平、易于使用、及时和有效解决争端及赔偿机制							

5.3.2 企业社会责任执行标准

其一，不同的制度环境造就了企业运行的不同规则。“一带一路”沿线国家众多，各个国家的制度环境亦不相同，有不同制度环境的国家对于企业履行社会责任的标准规定也不同。

其二，中国企业在“一带一路”沿线国家履行社会责任时，其执行标准可能会受母国社会责任标准的影响。“一带一路”沿线国家和地区的生态环境脆弱，大多数属于发展中国家，环境管理基础薄弱，以高耗能产业为主的投资活动存在着较高的环境风险。中国企业与沿线国家进行合作时，应重视开展工业园区和建设项目的环境影响评价，积极履行企业在环境保护方面的社会责任，要执行不低于中国水平的环境影响评估体系和标准。

其三，中资企业学习西方发达国家跨国企业先进管理经验。中国改革开放以后，大量西方国家跨国企业进入中国市场，这些企业在中国的社会责任履行经验成为中国企业在“一带一路”沿线国家履行社会责任的参照。

我们已在 3.2 节中构建了中国企业海外社会责任标准体系模型。如图 3-1 所示，国际 CSR 标准与东道国 CSR 标准及母国 CSR 标准的重合区域（区域 1）是企业履行社会责任时应重点考虑的，这是世界各国普遍关注的问题并且也是中国企业履行社会责任所擅长的领域，故而可以采取最高的标准来执行；东道国 CSR 标准与国际 CSR 标准相重合的区域（区域 4）也是企业在东道国履行社会责任时应特别注意的，应采取更高的国际标准以避免被西方国家指责；对于东道国特有的 CSR 标准部分（区域 3），企业需要充分尊重东道国的特殊环境，结合东道国的特殊要求去履行其社会责任。尤其是“一带一路”沿线国家的民族和宗教繁杂，各民族和宗教有其特殊的要求，企业在履行社会责任时应注意充分尊重其宗教和民俗文化，遵守其宗教和民俗规范。例如，广泛分布在“一带一路”沿线的伊斯兰教、犹太教等宗教有其特色的宗教活动，中国企业在当地进行组织文化建设时要充分考虑当地员工对于宗教活动的需要。

总的而言，企业在海外履行社会责任时不仅要以迎合当地标准的方式去获取合法性和竞争优势，更要结合企业自身的战略定位和资源及能力优势积极采取母国、国际社会等提供的更高的社会责任标准，从而提升在东道国的社会责任水准。

5.3.3 企业社会责任投入水平决策

企业的最佳社会责任投入水平要从供给方和需求方两个方面来看。所谓供给方指的是企业愿意及能够投入多少资源去履行社会责任，以满足利益相关者的诉求，这与企业自身的战略定位、资源优势及企业对于履行社会责任的期望收益水平和风险承担程度等企业自身特征及企业高管的个人特征等要素密不可分。企业在履行社会责任时需要着重分析和考虑其实施企业社会责任的成本、风险及期望收益。进一步地，在通过成本–收益分析确定企业的社会责任总体投入水平之后，企业需要进一步地识别出关键利益相关者对于企业社会责任投入水平的期望水平，优先满足关键利益相关者的诉求和期望，做好资源分配工作。

总的来说，利益相关者对于企业社会责任投入的期望水平取决于利益相关者自身与企业之间的关系、利益相关者自身的利益诉求、所处的环境特征及企业社会责任投入的历史水平等因素。一般而言不同的利益相关者对于企业的社会责任投入水平的期望是不同的，利益相关者对于企业的合法性、影响力及紧急性要求越高则其对企业社会责任投入水平的期望可能也就越高，即企业关键利益相关者对于企业的社会责任期望水平可能高于一般利益相关者对于企业社会责任的期望水平。

利益相关者对于企业社会责任水平的期望还受企业社会责任相对绩效的影响。相对绩效通常可以分为社会相对绩效和历史相对绩效（Mishina et al.，2010；贾明等，2016），其中社会相对绩效指的是将公司绩效与其他公司比较的结果，而历史相对绩效是将公司当前绩效与公司同一经营期的历史绩效比较所得结果。类似地，具体到中国企业在“一带一路”沿线国家履行社会责任，利益相关者对于中国企业社会责任水平的期望主要取决于其他国家跨国公司在当地的社会责任投入水平，以及本土公司的社会责任投入水平。若其他国家的公司或其本土公司在当地社会责任投入水平越高，则其对中国企业社会责任投入水平的期望就较高。

就企业的历史相对绩效而言，若中国企业在当地的社会责任历史投入水平越高，则会产生“红皇后效应”，利益相关者对于中国企业的社会责任投入水平的期望也就越高。因此，企业刚刚进入某一东道国时可以在调查当地其他跨国公司和当地本土公司对该利益相关者的社会责任投入水平之后来确定自己相应的社会责任投入水平；而在进入该地区以后一方面可以结合当地其他企业和自己的历史社会责任投入水平来调整其后续的社会责任投入水平，另一方面可以通过调节当期的社会责任投入水平来调控利益相关者对于企业后续社会责任投入水平不断上涨的期望。

在明确企业的社会责任供给水平和识别出企业关键利益相关者对于企业社会责任投入的期望水平后，企业要进一步做好资源分配工作，实现供需匹配，确定企业最佳的社会责任投入水平。根据我们在 3.3 节构建的中国企业海外社会责任实施决策模型，当中国企业在“一带一路”沿线单一东道国的社会责任效应总价值取得最大时，即企业的社会责任投入的边际成本等于其边际收益时，企业在该国的社会责任投入水平是最佳水平。

5.4 关键情境因素的识别与影响分析

5.4.1 东道国环境因素

企业在参与“一带一路”沿线建设的过程中，直接面对的就是东道国的经营环境。一般而言，会对企业在当地经营产生重要影响的因素主要包括该国的政治、经济、文化、社会等因素。

东道国的政治环境主要指东道国的政局稳定性，包括其政府的稳定与政府权力大小及其政策的连续性。稳定的政府和政策会为企业在该国的投资提供一个相对良好的投资环境。东道国政府的政局越动荡对于企业在当地的投资的负面影响越大。例如，2011 年 3 月底利比亚内战爆发以后，中国铁建、中国建筑、葛洲坝集团等 13 家央企在当地的投资项目全部暂停，损失高达 200 亿美元。

东道国的经济环境主要指的是东道国的市场化水平。东道国若具有较高的市场化水平则会有更强的市场力量而对中国企业海外业务产生影响，如可能会增强当地供应商、消费者、客户对于中国企业的影响力，企业在当地经营时则需要注重遵守市场规则，规范化经营。例如，2000 年以后，几乎所有的欧美企业都对其全球供应商和承包商实施社会责任评估和审核，只有通过审核与评估，才能建立合作伙伴关系。

东道国的文化环境指的是东道国的宗教、风俗习惯等非正式制度。若东道国文化与母国文化具有较低的异质性，则中国企业在当地的投资将遭遇更少的非正式制度层面的障碍。因此，面对不同的非正式制度，企业必须学会针对不同宗教信仰、风俗习惯、民族文化的“一带一路”沿线国家的利益相关者的特殊诉求，选择合适的方式履行企业社会责任。例如，在东南亚等佛教文化兴盛国家通过参与宗教活动和慈善捐赠来履行其在当地的社会责任，以获得当地居民的认可，提高其合法性。

东道国的社会环境包括东道国的人口特征、NGO、媒体力量等。就人口特征而言，若东道国的人口中有大量的华人华侨则无疑会为企业在当地投资提供极大的便利，企业应善于利用华人华侨这一资源，帮助自己更好地了解当地利益相关者的诉求。张吉鹏和衣长军（2020）指出，中国传统的商业文化使得中国企业在商业运作中更重视关系网络等非正式机制，这一倾向同样会影响中国企业在海外市场的运营。一方面，华人华侨由于熟悉贸易与投资伙伴国市场环境，社会文化背景又相似，其可以在交易双方之间充当信息传递中介的角色，作为跨国企业海外子公司与当地利益相关者之间沟通的桥梁，有利于它们嵌入当地利益相关者社会网络并获得信任和认可，从而极大地降低交易成本、扩大双边贸易与投资规模。另一方面，华人华侨掌握大量海外市场的隐性知识，而相似的社会、文化及语言背景降低了华人华侨与跨国企业海外子公司之间知识交换和知识转移的障碍。因此充分利用华人华侨网络资源有利于企业嵌入东道国社会网络、获取信任。

NGO 可能会影响企业利益相关者的格局和企业社会责任的履行方式。如果东道国的工会力量十分强大，则企业需要注重与工会的沟通，确保东道国员工的利益得到满足。若东道国的 NGO 力量强大，则企业应注重与当地 NGO 合作，借助其力量去履行社会责任，以更好地走进当地。

媒体力量对于企业在当地履行社会责任和树立良好国际形象起到关键作用。若东道国的媒体具有很高的公信力和国际知名度，则其对于企业的生存和发展的影响也相应较高。因此企业要注重处理好与当地知名媒体的关系，利用当地媒体进行自我宣传，化解企业在当地面临的风险，树立企业正面形象。

如中国国家电网有限公司就利用媒体力量化解了当地政府带来的经营危机。中国国家电网有限公司于 2007 年进入菲律宾市场，与菲律宾蒙特罗电网资源公司及卡拉卡高电公司合资组建菲律宾国家电网公司（简称菲国电），中国国家电网有限公司拥有 40% 的股权。2015 年 2 月 23 日，菲律宾某参议员对此表达忧虑称：“能源工业已被国家安全病毒感染。”24 日，菲律宾能源部部长公开宣布：“出于国家安全考虑，在菲律宾国家电网公司工作的 18 名中国专家必须于 7 月前离境。”

面对突如其来的变故，国家电网有限公司迅速表达中方声音。首先，利用菲律宾当地媒体《世界日报》发表文章称：“中国企业是通过合法程序取得输电网的经营权，对菲电力工业建设做出重要贡献。”随后，利用外交平台表达中方立场，中国外交部发言人表示，希望菲方公平、公正处理好有关问题，切实维护中国企业在菲合法权益，为外国投资者赴菲创造良好投资环境。最终，虽然中国专家撤回国内，但中资公司在菲国电 40%的股权未受影响，董事会两名中国董事也得以保留。

5.4.2　国际环境因素

国际环境是错综复杂而又不断变化的，对于企业“走下去”而言，国家间的关系、国际组织、国际准则等国际环境因素是企业需要重点识别的关键情境。就国家间关系而言，当东道国同世界各国都能够保持一个良好的合作关系时，就为企业在当地投资提供了一个较为安全的经营环境。就国际组织和国际准则而言，国际组织力量的强弱无疑会影响企业在当地社会责任履行方式的选择。如果国际红十字会等慈善机构在当地力量较为强大，则企业可以通过与其合作来履行社会责任；而国际 CSR 标准相对于母国或东道国 CSR 标准的高低也会影响企业社会责任的执行标准和方式。

5.4.3　母国环境因素

中国作为“一带一路”倡议的提出国，为中国企业“走出去”参与“一带一路”倡议建设提供了一系列的政策和经济支持，如中国商务部发布的国别投资指南为企业在不同国家的投资活动提供了指导。母国政府的政策支持正是企业“走出去”过程中的重要竞争优势之一，企业需要充分抓住和发挥这一优势，遵循政府对于“一带一路”建设的指导，满足本国政府对于企业在“一带一路”沿线国家履行社会责任的期望和要求，积极响应习近平总书记提出的“义为利先”号召，获得本国政府支持，从而实现在“一带一路”沿线更好地发展。

母国同“一带一路”沿线国家的双边或多边关系同样会影响企业在相关国家的投资活动，若中国同东道国政府具有深厚的合作关系，则会为企业在当地的投资提供良好的支持。此外，企业本身需要积极深化总结在国内履行社会责任和利益相关者管理经验及学习总结西方跨国公司在中国履行社会责任的经验，并进一步地将这些经验用在“一带一路”沿线国家的社会责任实践中，以促进企业整体社会责任执行水平的提高。

5.4.4　企业内部因素

企业在“走下去”过程中，也必须明确自己的战略定位和其自身的特征，从而更好地履行社会责任。例如，国企和民企因为其所有权的差异而使得其利益相关者的格局存在明显不同。另外，高管的国际经营经验、企业的财务资源、供应链管理能力、学习能力、具有国际化视野的员工等因素也会影响企业在海外执行社会责任的有效性。这些都是需要密切关注的因素，避免由于企业自身能力的不足产生社会责任方案执行不到位的问题，影响企业海外战略的实施。

5.5 中国企业的海外社会责任实践

中国有色矿业集团有限公司（简称中国有色集团）在蒙古国和赞比亚履行社会责任的成败经验生动地说明，正确识别东道国环境、利益相关者及其诉求是中国企业海外社会责任取得成功的关键。中国有色集团是国务院国有资产监督管理委员会（简称国资委）直接管理的中央企业和世界 500 强企业，主业为有色金属矿产资源开发、建筑工程相关贸易及服务。公司在 20 世纪 90 年代末率先“走出去”，开发国内紧缺的有色金属矿产资源并取得重要成果，在国内外有色金属行业中具有较高的知名度和市场影响力。

鑫都矿业有限公司（简称鑫都矿业）是中国有色金属建设股份有限公司和蒙古国 Metalimpex 公司共同投资的合资企业，公司注册地点在蒙古国苏赫巴托省西乌尔特市。公司作为蒙古国当地龙头企业，在当地积极履行社会责任，多次获得蒙古国的官方表彰，屡获蒙古国“外商投资先进单位”和“工商业贡献奖”等荣誉称号。这离不开该公司对于当地环境和利益相关者及其期望的充分识别，能够在当地科学履行社会责任，获得当地利益相关者的支持和理解。

如表 5-3 所示，鑫都矿业充分识别了其在蒙古国的利益相关者及其期望，并对不同利益相关者采取了不同的社会责任执行方式。更为重要的是在识别出其利益相关者及其诉求后，鑫都矿业能够进一步结合蒙古国的环境从当地的实际和需求出发，以利益相关方的期望为出发点，为股东和各利益相关方创造价值，与合作伙伴共同成长，为员工谋福利，维护自然环境，推进当地经济发展。

表5-3 鑫都矿业主要利益相关方及沟通方式

利益相关方	期望	沟通方式
中国政府	深化中蒙友谊 合规运营	定期汇报，接受领导和主管部门视察 遵守中国法律法规
蒙古国政府	合规运营 保护当地环境 促进当地发展 造福当地人民	遵守蒙古国法律法规 绿色开采与生产 带动更多企业“走出去” 创造就业岗位，推进员工本地化
股东	资产保值增值 风险管控 安全生产 保持信息沟通	提高价值创造能力 加强海外运营风险管理 提供安全防护设施与劳动保护产品 专题会议，及时沟通

续表

利益相关方	期望	沟通方式
客户	信息透明 高品质的产品 诚信履约 保护隐私	公共产品信息 提供高品质的产品 合同履约 建立客户隐私保护制度
合作伙伴	共同发展 提供指导与支持 促进行业发展	坚持本地供应商发展 提高本地采购率 开放参观
中方员工	薪酬与福利保障 职业健康安全 关爱员工	提供有竞争力的薪酬 提供安全防护设施与劳动保护产品 提供相关娱乐设施，定期探亲休假
蒙方员工	重视当地传统与文化 保障基本权益 提供体面的工作条件 良好的发展空间与渠道 关爱员工	推动文化融合与交流 提供有竞争力的薪酬 改善工作环境 建立畅通的上升渠道 提供必备的生活设施
当地社区	参与社区公益事业 尊重传统文化与习俗 保护当地生态环境 畅通的沟通渠道 提供就业机会	支持社区基础设施建设、教育事业 参加当地重大节日与活动 严格遵守环境标准 建立社区沟通网络 扩大员工本地化
媒体/NGO	公开企业信息	接受采访，邀请参观厂区

资料来源：中国有色集团《蒙古国2013社会责任报告》

例如，在产业发展方面，由于蒙古国当地的矿业基础薄弱，鑫都矿业在自身发展的同时，也注重带动当地矿业产业的发展，还为矿业从业人员提供相关培训，对蒙古国矿业产业的发展做出了积极的贡献；在环境保护方面，则针对蒙古国的水资源稀缺状况，在建设和生产过程中，通过减少用水量、进行生产生活用水的循环利用及对地下水零污染等形式，实现了水资源最大限度的利用和保护。

此外，为了改善草原环境，该公司还从国内引进绿化树苗，在戈壁中建设了一片绿洲。在员工保护方面，鑫都矿业地处偏远，除通过常规性的安全管理、安全培训、隐患排查以保障生产安全外，该公司对员工生活安全给予了重点关注。员工的职业健康、食品安全、交通安全、住地安全、医疗安全都是公司安全管理的重要内容。仅2013年，该公司安全生产投入就高达450万元，重大设备事故发生率为零，轻伤、重伤和死亡事故为零，对302名员工进行了职业病检查和体检，未发现职业病病例。此外，鉴于当地恶劣的生存环境、匮乏的物质条件和单调的生活方式，2012年该公司出资兴建了职工住宅楼并建设蔬菜大棚，竭尽全力改善职工生产及生活条件；在社区建设方面，公司更是给予了充分重视，为当地提供就业机会，尊重当地文化，改善基础设施，提升医疗、教育服务水平，积极参与救灾活动，注重环境保护等，树立了良好的企业形象。通过对当地各利益相关者履行相应的社会责任，该公司赢得了政府的肯定、当地的支持和员工的认同，推动了该公司在当地的可持续发展。

5.6 本章小结

本章围绕“走出去”的企业所面临的紧迫现实问题，寻找最优的获得利益相关者支持的海外社会责任实施路径，其核心在于首先识别出关键的利益相关者，然后围绕关键利益相关者确定其诉求，并结合社会责任的实施标准、企业的战略和资源等情况，以及公司所处的环境变化，如从东道国、母国和其他国家的环境因素出发，确定社会责任实施方案。这样一系列评估、决策工作的目的就在于将企业有限的资源投入最佳的社会责任实践活动中，以达到最佳的社会效果，获得关键利益相关者的支持，进而能够“走下去”。当然，这一过程中，企业实施社会责任项目的执行能力同样非常重要，这是保障社会责任项目能够有效开展的关键。利益相关者对企业社会责任活动的了解、感受，除了直接通过企业社会责任的履行而受益以外，还与企业的社会责任沟通密切相关。除了要关注关键的利益相关者，企业也不能忽视其他利益相关者的影响。也就是说，企业恰当地开展“说”和宣传其社会责任活动也能够起到提升和拓展其社会影响的作用，这一点也是下一章要研究的内容。

第6章 “一带一路”沿线中国企业海外社会责任沟通机制

“走下去”的中国企业需要在“一带一路”沿线进一步“走进去”，在海外开展业务的同时与利益相关者实现共融，这不仅是中国企业“走上去”的重要前提，也是实现海外可持续发展的关键。而“走进去”的实质是如何与各方利益相关者进行有效沟通从而融入海外社会。现阶段，中国企业在融入“一带一路”沿线国家的进程中，在多边投资与贸易中扮演愈发重要的角色，因而其社会责任表现受到来自世界各地利益相关者的关注和监督。因此，中国企业海外社会责任沟通是回应多方利益相关者诉求、管理企业与利益相关者间关系的必由之路。

6.1 海外社会责任沟通的决策逻辑

企业社会责任沟通涉及沟通语言、沟通时机和沟通方式等三方面的决策。企业社会责任沟通机制的构建强调的是结合利益相关者的诉求，通过选择恰当的语言来呈现企业社会责任履行情况，并在合适的时间通过最佳的方式传播出去，以管理利益相关者情绪，提升利益相关者的满意度，从而达到与利益相关者沟通的最佳效果。

基于此，围绕中国企业“走进去”进程中如何做到有效沟通这一问题，企业应该围绕如图 6-1 所示的框架进行多方位决策。具体来讲，企业需要考虑以下四个问题：其一，识别企业社会责任沟通对象及其诉求；其二，从企业社会责任信息披露语言的选择角度出发，结合文本语言和图像语言这两种语言形式的特点，分析多维利益相关者诉求冲突情况下的最佳语言选择；其三，从沟通时机和沟通方式的选择角度分析如何回应利益相关者诉求；其四，分析企业海外社会责任“做”

的方式如何影响“说”及如何平衡“说”与“做”之间的关系。

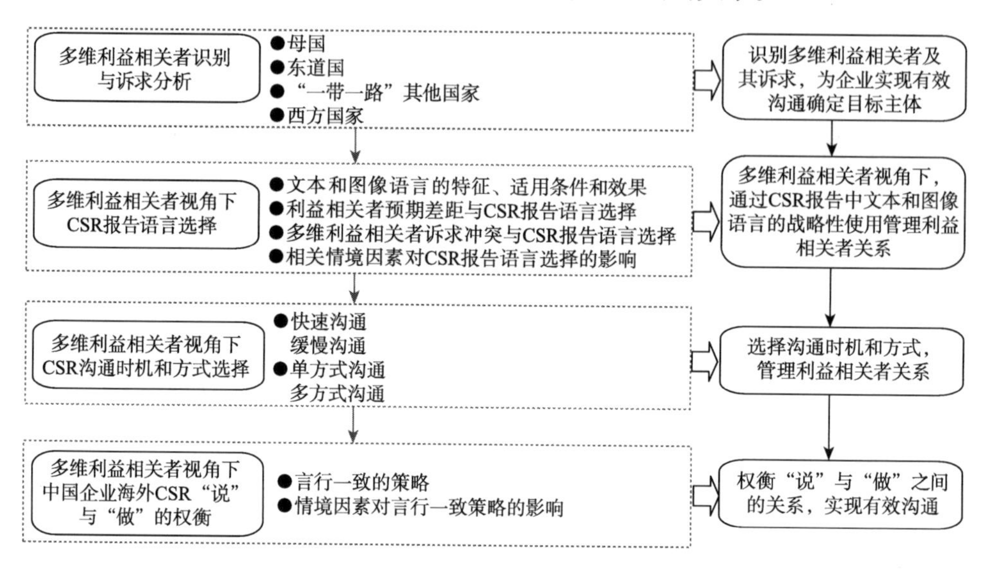

图 6-1　企业海外社会责任沟通的决策框架

6.2　多维利益相关者识别与诉求分析

中国企业在“一带一路”沿线“走进去”取决于中国企业如何与各利益相关者有效沟通，在此过程中最重要的是回应利益相关者的诉求和平衡利益相关者之间的诉求冲突。因此，如何精准识别中国企业“走进去”过程中所面对的多方利益相关者成为有效沟通的首要问题。

与中国企业“走下去”过程中需要考虑东道国、母国和国际社会等多方利益相关者类似，企业应以识别利益相关者的主流理论（Mitchell et al.，1997）作为基础，结合合法性、影响力和紧急性这三个维度，分析各利益相关者在单个或多个维度上的突出特征，将准确识别利益相关者及其诉求作为制定 CSR 沟通战略的第一步。中国企业在“一带一路”沿线“走进去”的进程中不仅需要回应东道国政府、当地社区和员工等多维利益相关者的诉求，还要考虑来自母国、东道国、“一带一路”沿线其他国家和西方国家的利益相关者的诉求。特别是，这些诉求之间还可能会存在冲突而增加企业社会责任沟通的难度。

6.2.1 母国主要利益相关者识别与诉求分析

中国企业在“走进去”的进程中需要关注母国政府及总部社区的诉求。从母国政府角度来说，我国政府高度重视中国企业在海外社会责任的履行，尤其是在“一带一路”沿线的社会责任履行。例如，国资委在2015年的中央企业社会责任工作会议上指出，中央企业要重视在海外履行社会责任，做“走出去”的典范。习近平总书记更是多次提及企业的海外社会责任问题。2016年4月，习近平总书记在中央政治局第31次集体学习时强调，我国是“一带一路”的倡导者和推进者，我国企业走出去既要重视投资利益，更要赢得好名声、好口碑，遵守驻在国法律，承担更多社会责任[①]。2018年8月，习近平总书记在“一带一路”建设工作5周年座谈会上提出，要规范企业投资经营行为，合法合规经营，注意保护环境，履行社会责任，成为共建“一带一路”的形象大使[②]。

除此之外，商务部2013年通过《对外投资合作环境保护指南》，“倡导企业在积极履行环境保护责任的过程中，尊重东道国社区居民的宗教信仰、文化传统和民族风俗，保障劳工合法权益”；国家发展改革委2017年通过《企业境外投资管理办法》，要求“注重生态环境保护、树立中国投资者良好形象”；中华人民共和国环境保护部等2017年通过《关于推进绿色“一带一路”建设的指导意见》，要求“高度重视当地民众生态环保诉求”。

在“走进去”的进程中，母国政府所给予政策、资金等方面的支持对中国企业提高竞争优势、规避风险起到了重要的支持作用。例如，国家所出台的境外投资政策代表的是对某些投资地区或产业的支持。政府通过建立诸如“企业境外投资意向信息平台”“境外投资项目招商信息平台”“境外投资中介服务机构信息平台”等为企业获取海外经营信息提供了良好的渠道。母国政府对中国企业而言具有很强的影响力，其对企业的支持也会影响企业在海外的发展。因此，企业需要积极与母国政府沟通，宣传其海外社会责任履行情况，从而获得政府的认可和支持。

例如，为了响应中央政府的号召，中国交建在肯尼亚积极履行社会责任，其修建的蒙内铁路改变了当地交通闭塞的状况，促进了当地经济的发展；华为技术有限公司（简称华为）在加纳积极与加纳基金会合作，共同为当地捐赠了一个初生婴儿重症护理中心，帮助该地区降低了新生婴儿的死亡率；中国技术进出口集团有限公司在阿尔及利亚积极履行环境责任，在当地进行光伏电站项目建设时，

---

① 资料来源：http://www.xinhuanet.com/politics/2016-04/30/c_1118778656.htm。

② 资料来源：http://www.gov.cn/xinwen/2018-08/27/content_5316913.htm。

实施绿色生产，为当地居民提供了清洁绿色的能源，减少碳排放。

在社区层面，中国企业“走出去”的进程中，需要获得母国民众的支持。作为新兴经济体国家的跨国企业在进入东道国时应注意母国和东道国利益相关者之间潜在的冲突（Li and Fleury，2020）。企业在海外投资也会影响母国的利益相关者，如政府、居民担心由于企业的产业转移而影响税收、就业等，其也会产生抵制情绪。因此，企业需要与母国利益相关者进行积极的沟通而化解矛盾、获得支持。

6.2.2　东道国利益相关者识别与诉求分析

中国企业在“走进去”的进程中需要获得东道国主要利益相关者的支持，尤其是东道国政府、社区、NGO、媒体、员工的支持。

就东道国政府和社区而言，中国企业海外投资、开展项目都需要调用当地资源，需要与当地政府及社区互动。从政府层面来说，在“一带一路”沿线的大部分国家希望跨国企业能够助推当地经济发展及维护社会稳定。从当地社区层面来看，企业需要借助当地社区的有限资源开展经营业务，而当地社区也期望企业可以改善居民生活、解决就业并保护环境。若当地政府和社区能感知到中国企业对东道国经济增长、社会福利和当地发展等方面的实际贡献，企业也就可以与东道国建立更高层次的信任和合作关系。

例如，美纳斯水电项目在厄瓜多尔是由中资企业承建的众多大型水电项目中首个也是唯一一个实现土建最终移交的水电站，被视为厄瓜多尔太平洋水系最重要的水利工程之一。哈尔滨电气国际工程有限责任公司（简称哈电国际）在项目推进过程中就一直面对厄瓜多尔人民改善、优化本国电力能源结构，提供更多高效的清洁能源的诉求，以及政府对于推动当地经济发展的诉求。哈电国际秉承“建一座电站，树一座丰碑”的理念，将美纳斯水电项目打造成了世界一流水电精品工程，公司自始至终非常注意与利益相关者的沟通，用最高标准保证项目的顺利完工。美纳斯水电项目不仅让哈电国际在海外大型水电工程总承包领域积累了丰富的经验，更让哈电制造照亮了“一带一路”，为推进共建“一带一路”高质量发展贡献了哈电力量。

就 NGO 而言，NGO 对当地社会需求了解全面，往往作为当地社区、员工等利益相关者的代言人而对企业提出诉求、施加压力。因此，中国企业需要加强和 NGO 的合作，进一步深入了解当地文化、利益相关方及其诉求等，进一步化解与当地利益相关者的隔阂，针对性地制订社会责任实施方案和沟通策略，以获得当地 NGO 的支持与认可。

就媒体而言，当地媒体是东道国社会群体了解企业的窗口，具有广泛的社会影响力。当地新闻报道对中国企业国际影响力的形成有着至关重要的作用。当地媒体对企业社会责任事件的报道能够有效传播社会责任信息，从而扩大影响、树立企业形象。

就员工而言，海外业务本地化是企业融入当地社会的重要路径，这就需要得到当地员工的支持以维系海外业务的运转。因此，管理者应该积极收集企业员工的诉求，并结合企业实际努力满足员工诉求，实现员工与企业的良性互动，增强员工工作的主动性与主人翁意识，从而提高企业人力资源管理效率和效果。例如，面对员工改善自身经济状况的利益诉求，企业应该采用薪酬激励的方式，在提升企业经济效益的同时满足员工对于自身经济状态提升的诉求；面对员工对于自身个人价值实现的利益诉求，企业可以通过让一部分优秀员工得到培训机会，进而得到职务升迁或得到技术含量较高的工作机会来满足员工的利益诉求，从而使优秀员工得到企业和社会的尊重。

6.2.3　“一带一路”沿线其他国家主要利益相关者识别与诉求分析

“一带一路”倡议具有包容性，希望更多的国家能够参与进来。布局海外市场的中国企业常常优先扎根在“一带一路”沿线具有良好合作基础的区域，这就使得其他国家的政府对中国企业前来投资充满希望，同时也担忧中国企业对某些国家的投资会打破区域平衡。例如，俄罗斯，作为“一带一路”沿线的一个大国，在俄罗斯国内，有一部分人认为，“一带一路”将扩展中国影响力，侵蚀俄罗斯势力范围。因此，企业需要兼顾其他国家的诉求，进而为中国企业在海外实现可持续发展奠定基础。

此外，“一带一路”沿线其他国家的利益相关者很大程度上依靠所在国媒体的报道来了解中国企业海外社会责任的履行状况。然而，由于中国企业普遍不善于在海外宣传社会责任活动，未通过海外媒体对其海外社会责任进行有效宣传，失去了在其他国家扩大影响力的机会。

6.2.4　西方国家主要利益相关者识别与诉求分析

一些西方发达国家在“一带一路”沿线国家深耕多年，对当地政府、公众、媒体建立了广泛的影响力。

西方国家政府。“一带一路”倡议被以美国为代表的西方国家误认为“意在将经济实力转化为地缘政治霸权”，是服务于中国国家战略的政治行为，潜在威胁西方发达国家的国际话语权。因此，面对西方政府维护其大国地位的利益诉求，中国企业要想“走进去”进而融入“一带一路”沿线国家，就需要淡化政治色彩，与西方国家企业合作，共同建设“一带一路”。

西方媒体。西方媒体具有全球影响力，其对国际话语权的控制也非常有力，相关媒体报道直接影响中国企业的海外形象。很多西方媒体倾向将“一带一路”沿线的中国企业活动与政治相联系，如将“一带一路”的中资项目诬称为“不平等条约”，并将一些项目的受阻或失败简单归咎于“中国中心主义意识”。更糟糕的是，西方媒体的评论往往被视为权威，形成了独一无二的话语权，其存在偏差的负面报道往往影响国际社会对“一带一路”沿线中国企业形象的解读，成为中国企业融入当地的阻碍。

西方国家 NGO。西方国家的 NGO 较早进入“一带一路”沿线国家，并建立了完备的社会关系网络。这就要求中国企业主动与国际 NGO 合作，开展交流，这是获取西方社会认同的重要途径。

西方商界精英。商界精英的言论在西方社会具有广泛的社会影响力，其对“一带一路”和中国企业在海外履行社会责任的看法都直接影响西方社会对中国企业的评价，同时商界精英也对巩固、维护自身商界地位有着较高的诉求。因而，中国企业家需要向西方商界精英学习，进行交流、合作而获得认可，从而借助这些具有影响力的人物来维护企业在海外的良好形象。

综上所述，中国企业在“一带一路”经营的过程中，其所面对的利益相关者群体是多元而复杂的，甚至许多时候他们之间会存在诉求冲突。那么，企业社会责任沟通就需要综合考虑多维利益相关者的诉求，平衡利益相关者之间的诉求冲突，选择最佳的沟通方式。

6.3 多维利益相关者视角下的 CSR 报告语言选择

新兴市场跨国企业通过发布 CSR 报告来克服其来源国劣势，获取在东道国的合法性（Marano et al.，2017）。

在公司信息披露过程中，管理者不仅要重视如何披露社会责任表现相关的数据等“硬信息”（hard information），还要重视内容呈现形式、文本结构等传递的“软信息”（soft information）。特别是，“一带一路”沿线许多国家与中国一样，都是高语境传播社会，其长期以来对语言的非表层意义（如潜台词、暗示、含义等）的敏感度很强。这也使得在这些社会情境中选择社会责任信息的呈现方式成为管理决策的重要考量，如何在不改变现有信息内容的情况下，通过对既有信息呈现方式（语言）的选择来达到与利益相关者最佳的沟通效果，从而帮助企业获得合法性、稀缺资源和竞争优势，成为重要议题（Gao et al.，2016）。

语言实质上是一种信息传递的工具，可以影响读者的认知和态度及行为。CSR报告所披露的内容通过语言呈现出来，读者通过理解报告中的文本和图像语言来形成认知，进而对企业履行社会责任的情况进行评判。例如，因地制宜地使用当地语言与利益相关者沟通可以提升企业社会责任的正向效果。因此，企业战略性地选择语言进行社会责任信息披露的主要动机就是回应利益相关者的诉求，管理利益相关者对企业的预期，和缓和利益相关者诉求之间的冲突。

企业可以自主决定选择什么样的语言与利益相关者进行CSR沟通。相较于财务报告的语言形式受到多种制度规则的限制，CSR报告的语言选择更加灵活而少有限制。例如，很少有公司在年报中使用图像语言，而以文字描述为主；并且证券监管部门对于上市公司如何披露财务定期报告有详细的规定，甚至对使用怎样的文字（如详细具体的语言）来描述财务信息都提出要求。而监管部门对于CSR信息披露的语言选择方面没有做具体要求，公司管理层在选择CSR报告的信息披露语言时要比财务报告的披露语言有更大的自主性。因此，将语言选择纳入社会责任沟通的战略决策范围就成了回应众多利益相关者诉求并缓和其诉求冲突的绝佳方式。

对于中国企业在“走进去”进程中如何通过CSR沟通来维护公司与多维利益相关者之间的关系，应该结合语言学的基础理论，掌握文本语言和图像语言的内在特征、适用条件及效果，据此分别分析在单一利益相关者诉求和多维利益相关者诉求冲突情况下最佳CSR报告语言选择问题。

6.3.1 文本和图像语言的特征、适用条件和效果

企业战略性使用语言（strategic usage of language）的目的就是通过选择不同的披露语言以达到最佳的与利益相关者沟通的效果。信息披露语言主要包括文本语言（verbal language）和图像语言（visual language）两种。文本语言指的是由字符构成的，以语法为架构而组成的有规律的符号集合（Meyer et al.，2018）。而图像语言是指用以描述事物外在形象特征的，通过图片、图表、符号等方式传递的内容（Cooren et al.，2011）。文本语言与图像语言在特征（如构成元素、信息

结构、态度观点、读者感知处理方式、内容表意的确定性），作用机制（如表达、传递特定信息的方式）和主要应用场景（如说明、论述、捕捉注意力）等方面均存在显著差异，如表 6-1 所示。

表6-1　文本与图像语言类型的比较：特征、适用情景与影响使用的因素

语言类型	特征	适用情景	影响使用的因素
文本（verbal）	（1）构成元素：文字、语句	（1）（5）→系统论证	个体层面（教育经历、职业经历、从军经历） 企业层面（企业绩效、竞争压力、潜在竞争者） 制度层面（法制水平、宗教文化）
	（2）信息结构：线性、累积、跨时空	（2）（5）→详细说明	
	（3）态度观点：描述性（代词）	（2）（3）（4）→叙事	
	（4）读者感知处理方式：序列		
	（5）内容表意的确定性：高		
图像（visual）	（1）构成元素：图标、图片、图形	（5）→渗透	信息的类型（整体信息&局部信息） 信息理解复杂度（复杂&简单） 受众的特征（专业熟悉度、个人能力）
	（2）信息结构：空间的、整体的、即时的	（2）（3）（4）→吸引注意力	
	（3）态度观点：象征性	（1）→信息具体化	
	（4）读者感知处理方式：片段的、即时的		
	（5）内容表意的确定性：低		

资料来源：Meyer 等（2018）

首先，在特征方面，文本和图像语言具有以下四个方面的不同。

（1）文本和图像语言通过使用不同的元素来构建意义。从构成语言的符号特征上来看，文本语言由文字及由文字组成的语句构成。例如，汉字在中国社会中被用于构建意义已经有超过三千年的历史（谢仁友，2016）。要理解文本的含义需要先学习语法，然后在具体的情境中来体会句子和段落所表达的含义。图像语言的构成元素包括图片（如公司办公楼的照片）、图形（如表格或图形）等符号。读者往往需要根据经验来理解这些图像符号所表达的信息。文本与图像语言在符号特征上的差异决定了图像比文本更适合传递主观感受（如公司财务业绩取得进步或者公司积极参加社会活动等）。而文本语言比图像语言更加适合解释因果关系（如说明公司为何业绩下滑）。

（2）文本与图像语言的信息结构不同。文本语言按照文字符号的序列、线性格式来组织信息（Meyer et al.，2018）。每一个元素（如一个词语）通过语法规则和词序与其他元素一起构成一个文本。文本语言中时态的使用使得文本可以表达存在时间先后顺序的信息（尽管中文语言与英文语言在语法时态上存在根本的差异）。图像语言模式是建立在现实的基础上，以空间的形式展现事件发生的地点及参与其中的人物（Meyer et al.，2018）。当两张图片放在一起的时候，我们无法分辨出图片所表达的内容在时间上的先后顺序。信息结构上的差异使得图像模式比文本模式更加适合吸引读者的注意力。例如，一张展示业绩下滑的图表（跟历史绩效比较）会将读者的注意力吸引到当前公司业绩下滑这一状况上。

（3）文本语言和图像语言在表达观点的方式上存在差异。文本语言通过采用特定的语法形式（如代词的运用）来表达观点；而图像语言通过对具体场景（如地面上垃圾的照片）或者实物的展示（如先进武器的照片）来表达态度和观点（Kress and van Leeuwen，1996）。图像具有的象征意义使得图像比文本更加适合传递主观感受。但是，文本比图像更加适合解释因果关系及说服读者。

（4）读者处理文本语言与图像语言信息的方式不同。跟文本语言信息相比，读者对图像的感知及理解更加直接、迅速。文本语言的结构往往基于特定的语言规范而具备基本的结构要求（如主谓宾等语法），而且文本模式是按照文字出现的先后顺序来展现，因而具有线性结构特征（需要按照文字出现的顺序来组织、表述特定意思）。而读者在阅读图片时可以迅速掌握整个图像要表达的完整信息，要比处理文字信息更为迅速。这一差异使得图像语言比文本语言更加适合抓住读者的注意力，突出想传递的重点信息。

正是由于文本语言和图像语言存在以上四点本质上的差异，其使用条件和效果各有不同。与图像语言相比，文本语言更加适合用于论证、因果解释，以及叙事。具体来讲，有以下几个方面。

（1）文本语言适合于系统的论证。文本语言遵守一定的社会规范，且具有高确定的特点，因而可以提供有逻辑性的论据，而这种特征是图像语言模式所不具备的。

（2）文本语言表达信息时所具有的清晰结构和时间先后顺序使文本语言更加适合解释因果关系。与图像语言相比，文本语言建立在清晰的句式和语法上，且具有较低的歧义。例如，文本语言可以进行可能性预测（如某项活动确定、可能或者不可能举办）及表达态度（如认为某件事应该发生或者可能会发生），这些信息很难用图像语言来表达。

（3）文本语言可以明确指出对象及其属性，这种明确性使得文本语言可以强化论证。例如，为公司业绩的下降提供因果解释。

（4）文本语言构建信息时所采用的文字序列化结构及其表达的信息本身的时间先后顺序使得文本语言在叙事上更有优势。文本模式能够描绘事件发生的具体情节和准确时间，可以将不同的元素（事件、论据、数据、态度）整合成一个整体。例如，精明的作者会结合各种论据从不同的角度来进行阐述以支持他的观点，从而说服读者。

相对而言，图像语言模式则在思想渗透、注意力聚焦、信息具体化方面较文本语言模式更具优势。具体来讲，有以下三个方面。

（1）图像语言能传递无法用文本合理表达的信息，借此对读者思想进行渗透。如果要领略图像语言背后的含义，需要经过思维活动的再加工。人的思维方式有差异，因而不同读者在对图像语言含义的思维加工过程中会产生偏差。这种特性使得公司可以采用图像语言来改变外界对企业的固有认识，有利于公司的信息渗透到读者对公司的态度和认识中。例如，对于公众反感的公司而言，过多的文字阐述说明公司的价值可能难以得到公众认可；这时采用一些图像语言去传递公司价值的信息可能更容易为公众所接受而逐渐改变公众固有的看法。

（2）主观判断及感知的直接性，使得图像语言更容易吸引读者注意力。图像信息能被读者基于主观认识迅速地理解和感知，吸引读者注意力，并强有力地表达、传递和激发读者的态度和情感共鸣。图像语言特别适用于在信息交流中公司对某些信息进行突出强调而引起读者的注意。

（3）图像语言所表达的信息更加逼真和可信。图像语言能给人物、物体和事件具体性、物质性的视觉感受，从而有效地说服读者图像中所表达的信息是客观真实存在的，而这是文本语言所难以达到的。例如，公司在公告中陈述本年度财务业绩取得增长时，使用一些图像，如公司车间忙碌的工作状况、投资者见面会的盛况等，都会让读者更加相信公司业绩增长的真实性。

这里以紫金矿业为例进行说明。紫金矿业是一家以金、铜、锌等金属矿业资源勘查和开发为主的大型矿业集团。在紫金矿业逐渐向好发展的过程中，为了强有力地向外部利益相关者表达和传递企业的正面形象，吸引投资者注意力，使利益相关者基于主观认识迅速理解和感知企业的发展，并使得所传达的信息更可信、更生动、更形象，从 2016 年开始，紫金矿业的社会责任报告从之前纯文字的描述转变成图像与文本相结合的方式，展现其所履行的社会责任，并逐步开始在社会责任报告中大量使用图像语言。

6.3.2　利益相关者预期、绩效差距与 CSR 报告语言选择

利益相关者往往对企业的社会绩效存在一个预期水平，且该水平会受到企业历史绩效水平（历史因素）及其他企业绩效水平（社会因素）的影响。实际绩效和期望绩效之间的差距称为“绩效差距”（discrepancy of performance）。如何有效引导利益相关者的预期，防止因利益相关者预期与实际绩效不一致或者偏差过大而对公司与利益相关者间的关系产生不利影响，对于企业维护与利益相关者的关系具有重要作用。

CSR报告内容的语言特征影响利益相关者对于公司履责的感知。当绩效差距存在时，公司需要合理选择社会责任信息的披露语言，以影响单个利益相关者对于信息的理解，进而影响其对于绩效差距的接受程度和反应。对于社会绩效预期管理，一方面需要调控利益相关者预期社会绩效的持续增长而给企业带来的压力，另一方面要避免利益相关者预期公司社会绩效的降低而损害公司与利益相关者之间的关系。因此，企业应该从社会绩效跟利益相关者预期的差距着手，分析绩效差距对CSR报告中社会绩效相关内容中三种语言形式（文本、图像、文本-图像复合）选择的影响，以更好地通过CSR报告中业绩信息披露的语言来管理利益相关者预期。

1）社会绩效与CSR报告文本语言的选择

正如上文所述，文本语言更加适用于系统论证、因果解释和详细叙事。当企业处于正向社会绩效反馈时，即中国企业海外社会绩效高于某个利益相关者期望水平时，为了防止预期的持续增长而产生“红皇后效应”，需要通过选择使用文本语言描述公司的社会绩效投入状况而将投资者的注意力转移到公司还需要改善的社会责任维度上，以平息利益相关者对于社会绩效持续增长的预期。

反之，当企业实际社会绩效水平低于利益相关者期望水平时（如公司捐款不足），使用文本语言来解释公司为何投入不足就会显得说服力低，而难以使利益相关者信服。特别是当利益相关者已经形成公司不承担社会责任的认识时，个体认知上的选择性偏差就会使得利益相关者难以接受公司的文字解释，而阻碍公司获得利益相关者的认同。

2）社会绩效与CSR报告图像语言的选择

与文本语言相比，图像语言更加适用于思想渗透、注意力吸引和信息具体化。首先，人们需要经过思维活动的再加工，来领悟图像语言背后的含义。由于人的思维方式存在差异，因此对图像信息的理解也会不同。这就使得公司可以利用图像语言来进行思想渗透来改变受众对公司的固有认识（Wagner，2002）。其次，图像信息能被受众迅速感知，吸引其注意力，并能够强有力地激发出读者的态度和情感。这使得图像模式能够对某些事件信息进行突出强调，并能够传递公司对待事件的态度。最后，图像语言能给人物、物体和事件具体性、物质性的视觉效果，在表达信息时更加逼真、具体从而能有效地说服读者（Graves et al.，1996）。

具体地，当企业处于正向绩效反馈时，企业应避免使用形象化的图片，以免图片本身的功能发挥而进一步凸显高绩效的事实，进一步提升利益相关者的潜在预期。例如，当中国企业在环境方面的绩效明显高于行业平均和历史水平时，若企业对外沟通时放置形象化的图片，则利益相关者对环境绩效的关注有增无减，对高于预期的环境绩效也更加了解，并且在意识中会形成高期望的思维路径，公司后续面临的责任压力也就大大提升，因此，为了防止利益相关者预期的持续增长，就不能采用或者过多使用图像语言来披露这一维度上的社会责任的绩效信息。

反之，当企业社会绩效水平低于利益相关者绩效预期时，则可以利用图像语言的思想渗透和注意力吸引特性来改变利益相关者对于公司不承担社会责任的认识而维护与利益相关者间的良好关系。这主要是因为社会责任绩效的衡量不像财务绩效的衡量有客观的并为社会公众所普遍接受的标准，不同的利益相关者会对相同公司的社会活动的价值和意义产生不同的看法，这就使得公司采用图像语言来进行思想渗透改变利益相关者对公司社会绩效投入不力的认识成为可能。

3）社会绩效与CSR报告文本-图像复合语言的选择

进一步，图像与文本在表达效果上具有交互影响作用，文本与图像语言的组合使用可以达到以下两方面的效果：其一，图像语言与文本语言搭配得当，可以起到相互补充、相互促进的作用，增强信息的说服力。其二，如果文本语言与图像语言搭配不当，会增加读者理解信息的难度，降低信息的可信度。实际上，在CSR报告中，信息的披露一般会同时使用文本和图像语言；当然公司的CSR报告是纯文字而没有图像的情况也存在；但CSR报告只有图像没有文字的情况不存在。那么，在不同的绩效差距情况下，如何组合使用文本-图像语言来披露相关信息能够达到最佳的利益相关者预期管理的效果是企业需要思考的问题，即如何通过文本和图像语言的复合使用来影响利益相关者的感知，从而应对社会绩效差距，帮助企业更有效地获得利益相关者的支持。

基本的原则在于，当企业处于正向社会绩效反馈，如公司的社会捐赠超过预期时，公司可使用更多的文本语言描述长期社会责任战略并较少使用图像语言，这是最佳的语言组合。相反，当企业处于负向社会绩效反馈时，公司可使用积极的语调和展望未来的词汇来构建对应的文本语言并同时配合使用展示企业履行社会责任的图片，这可能是最佳的语言组合，以改变利益相关者对于企业较少涉及或者缺失社会责任的认知。

6.3.3 多维利益相关者诉求冲突对CSR报告语言选择的影响

在“一带一路”倡议下，母国、东道国、“一带一路”沿线国家和西方国家利益相关者都有其独有的利益诉求而极有可能产生冲突。如表6-2所示，一方面，东道国内部的利益相关者诉求之间可能存在冲突。例如，政府期望公司带动经济发展的同时保护环境，而投资者则期望公司提升财务绩效，而社会绩效并不一定有利于财务绩效的提升，且公司可分配用来满足不同利益相关者诉求的资源十分有限，因此企业需要在面对诉求冲突时平衡公司与各利益相关者间的关系。另一方面，来自不同国家的利益相关者之间亦存在着诉求冲突。中国企业在海外履行社会责任往往面临来自母国、东道国和国际社会关于社会责任的多重标准体系，且不同的标准体系在 CSR 履责的侧重点上存在差异。如何回应不同社会责任体系的要求以平衡多维利益相关者的诉求也是对企业的巨大挑战。

表6-2　多维利益相关者间诉求冲突

主要利益相关者诉求		东道国		“一带一路”沿线其他国家	西方发达国家		母国
		投资者：提升财务绩效水平	员工：提升工资等福利	政府：资源合理分配，实现区域平衡	政府：弱化企业的政治意识	媒体：维系国际话语权	投资者：提升财务绩效水平，实现持续盈利
东道国	政府：经济发展与社会稳定	冲突		冲突	冲突		
	社区：居民生活改善与环境保护						
	NGO：提升社会绩效	冲突					冲突
	媒体：监督无良行为						
“一带一路”沿线国家	媒体：传递社会绩效的全面信息					冲突	
西方国家	NGO：健全社会服务体系						
	商界精英：经济合作，言论监督						冲突
母国	政府：提升国际影响力				冲突	冲突	

当利益相关者提出的诉求之间存在冲突时，利益相关者就不仅仅关注公司如何回应其诉求，还会关注公司如何对待与其诉求相冲突的利益相关者。利益相关者会基于对 CSR 报告中不同部分内容的理解来评价公司如何回应各利益相关者的诉求，而判断公司如何对待其本身（如是否公平）。这也就使公司通过选择最佳的社会责任信息披露语言来维护多维利益相关者间的关系成为可能。Gao 等（2016）也指出企业在信息披露中选择性使用语言的一个主要动机就是处理外部诉求冲突。

语言作为一种信息传递的工具，可以影响信念，形成态度观点，借此进行行为诱导（Ashcraft et al.，2009）。当外部诉求冲突时，通过语言的选择和使用来调控冲突各方可获得的信息是解决外部诉求冲突的关键。鉴于此，当企业面临外部诉求冲突时，可以通过选择使用 CSR 报告中各模块内容的披露语言来调整信息呈现方式，进而调节利益相关者对于企业如何满足各方诉求的感知，以此方式来缓解利益相关者间的诉求冲突，维护公司与利益相关者间的关系。

因此，如何选择适当的语言对外披露社会责任信息而实现有效沟通成为中国企业“走进去”的关键。我们结合文本语言和图像语言的内在特征及适用环境，融合中国企业在“一带一路”沿线“走进去”进程中面临的各方利益相关者诉求冲突的具体情况，提出以下基本思路。

例如，当中国企业在东道国实施的员工福利策略明显劣于当地的行业平均水平，但公司的社会捐赠却大幅度超过行业平均水平时，员工极易产生不公平感而做出负面反应。在此情况下，公司可以调整 CSR 报告中员工部分和社会公益部分的语言策略。具体而言，公司可以利用文本语言的详细说明、系统论证和叙事功能，以及图像语言的思想渗透、注意力吸引和具体化信息呈现等优势，在 CSR 报告中员工部分使用积极的语调、具体性语言和高可读性的文本，来系统阐述未来的福利规划并对原有的不足进行解释说明，并且使用形象的图片以吸引员工对特定履责行为的认可；与此同时，在社会捐赠部分则减少使用图片，需要通过文本语言说明公益捐赠与社会和谐和公司长期发展之间的交互关系。

对于参与“一带一路”倡议建设的中国企业而言，其同时受到中国和沿线国家制度压力的影响，且母国和东道国之间在经济、政治、文化方面的差异巨大，使得国内外利益相关者对于中国企业的海外社会责任诉求存在冲突。而新兴经济体国家的跨国企业在进入东道国时应注意母国和东道国利益相关者的诉求冲突（Li and Fleury，2020）。企业如果平衡不好与各利益相关者之间的关系，后果将是极为严重的。例如，部分中国民众对于中国企业在“一带一路”沿线国家的社会责任实践存在不理解（赵宇新，2017），认为中国企业在海外履行社会责任对国内民众是不公平的，从而质疑中国企业的海外发展。

CSR 报告是企业应对来自不同利益相关者群体压力的有效工具（Luo et al.，2017）。企业可以通过选择社会责任信息披露方式来平衡其国内外利益相关者间的诉求冲突，以化解其履行海外社会责任时面临的来自母国的合法性威胁，这是由于母国利益相关者感觉到中资企业在海外履行社会责任对其是不公平的。由于母国利益相关者对于企业海外社会责任实践不理解而产生的不公平感源于其对于企业的资源分配不满，而资源分配更多的属于经济范畴问题，故应重点考虑母国与东道国间的经济差异对于中资企业同母国利益相关者沟通海外社会责任时的影响。母国与东道国之间的经济距离越大，中国企业越不应该同母国利益相关者沟通其在该东道国社会责任实践，应该以更为模糊的沟通策略披露其海外社会责任信息，如披露更少的关于在该东道国的社会责任信息，选择披露不易引起母国利益相关者不公平感的社会责任内容，如关于环境方面的社会责任实践，用更为模糊的语言或更少的图片语言同母国利益相关者沟通其在当地的社会责任实践，以减少母国利益相关者的不公平感，维持其在母国的合法性，获得母国利益相关者的支持，以更好地“走出去”。

此外，部分东道国利益相关者对于中国企业在当地履行社会责任动机存疑，对其不认可、不接受，致使中国企业在当地遭受合法性威胁。如果母国与东道国之间的经济差距较大，即东道国经济落后于母国经济则中国企业在当地的行为尤其是经济行为更有可能被认为是“新殖民主义”和“经济掠夺主义”，此时企业越需要通过与东道国利益相关者就其在当地履行的社会责任进行实质性的沟通，如在文字语言方面尽可能减少模糊性语言的描述，尽可能增加图片等具体性语言的使用，以增强东道国利益相关者对企业在当地履行社会责任的感知，让当地利益相关者认可中国企业，从而获得合法性和当地利益相关者的支持（Li and Fleury，2020）。

6.3.4　情境因素对最佳 CSR 报告语言选择的影响

如何选择 CSR 报告中特定部分内容的语言形式往往受利益相关者诉求冲突的强弱和其对公司的重要性等多种情境因素的影响。因此，企业也应该了解不同情境因素对 CSR 报告最佳语言选择的影响。

1）高管个人层面

高管与东道国具有较强政治关联的公司可能与东道国政府形成良好的信任关系，这时公司倾向优先满足政府层面的诉求，CSR 报告中与政府相关内容的语言策略就得到首要重视。

2）组织层面

企业规模的差异是社会责任的经济效益和社会效益产生冲突的重要原因，亦是合法性压力强弱的影响因素。若企业规模大，其对当地社区的社会贡献更加突出，就业带动和税收贡献也更大，此时公司使用战略性语言的效果就可能受到影响。

3）国家层面

针对东道国、“一带一路”沿线其他国家和西方国家等不同国家之间的利益相关者的诉求冲突，国家之间的文化距离和制度距离等情境因素也会影响企业最佳语言的选择。若中国企业与所在国的文化兼容性较弱或者文化差异较大，那么公司从本国文化出发所形成的对战略性披露语言的认识、组合模式的偏好就可能达不到预期的效果。

例如，华为在 2015 年开展了一项全球宣传活动，其中芭蕾舞演员刻苦练习的公司形象广告就在西方社会引起争议。在广告中，演员一只脚穿芭蕾舞鞋优雅靓丽，另一只脚满是伤痕，华为原本想用该广告展现公司拼搏奋斗的企业文化，但在西方媒体的眼中却是员工工作环境恶劣的表现，西方媒体借此批评华为压榨员工，员工权益没有得到正当保护。

6.4　多维利益相关者视角下 CSR 沟通时机与方式选择

6.4.1　沟通时机选择

战略性使用语言是平衡多维利益相关者诉求冲突的有效工具，但其效用的发挥需要与沟通时机和方式相互配合。沟通时机强调的是企业对何时与利益相关者进行沟通的战略考量，主要受利益相关者的重要性和诉求冲突水平等因素的影响。利益相关者诉求的冲突水平越高，其对于企业的资源争夺越激烈、战略目标间的矛盾性越凸显，此时回应利益相关者及其诉求的紧迫性越高，也就需要企业以更快的速度做出回应。反之，诉求冲突性水平低，给企业带来的合法性压力相对较弱，企业对外沟通以回应利益相关者诉求的迫切性就下降，此时企业倾向暂缓沟通以节约资源。

例如，以 2019 年 10 月 5 日 NBA 总裁莫雷发表辱华言论为背景，当与 NBA 有联系的中国企业面临核心利益相关者中国政府和合作伙伴间的诉求冲突时，企业会通过选择发布抵制 NBA 的申明来维持其自身的合法性。此事件中，继我国政府表态后，相关企业也陆续发表声明。最早表态抵制 NBA 的企业是腾讯体育。实际上，2019 年 7 月，NBA 刚刚与腾讯达成续约协议并完成了合同签署，合约金额预计 5 年 15 亿美元。在 NBA 事件发生后，腾讯体育最早表明了中止合作的态度，并随即暂停了 NBA 火箭队赛事的转播。腾讯的迅速反应也赢得了广大中国公众的一致好评。

6.4.2　沟通方式选择

CSR 沟通方式和途径包括发布年度报告、公司网站发布新闻、发布 CSR 报告和召开新闻发布会等多种形式，可以划分为直接与非直接沟通、官方与非官方沟通、口头与纸面沟通等多种形式。其中，发布 CSR 报告已成为利益相关者沟通的主流方式。全球最大的 250 家公司中，近 80%发布了 CSR 报告，而 2005 年这一比例约为 50%。除此之外，企业还利用传统的广告渠道来宣传 CSR 活动。例如，健怡可乐通过电视广告发出倡议来帮助女性提高对心脏病的防范意识。企业还能够通过使用产品包装来宣传其 CSR 举措。例如，石田农场（Stonyfield Farm）在其酸奶的杯盖上印上信息，向利益相关者传达公司各种有关健康和环境保护的倡议。

需要注意的是，不同的沟通方式在呈现信息的方式、针对性、传播及时性和扩散范围等方面均存在差异，这就为公司回应特定的利益相关者诉求和化解诉求冲突提供了选择的空间。当诉求冲突水平较高时，企业需要采用多种沟通方式的组合，在使用 CSR 报告披露信息的同时可结合新闻发布会、社交媒体等社会化的沟通方式，提高相关信息的扩散程度以达到最优的沟通效果。同时，运用当地的特色语言以体现出对所在国利益相关者的重视，也是提升 CSR 沟通效果的重要途径。当然，“一带一路”沿线国家的信息传播环境、互联网普及度、当地民众的受教育水平等因素都会影响企业的社会责任沟通效果，因而在选择最佳的沟通方式时也需要考虑这些因素的影响。

2016 年 1 月 10 日，国内首部海外社会责任影像志——《中国电建在赞比亚》在由中国社会科学院主办的第二届分享责任年会暨“一带一路”与海外企业社会责任报告会上举办了首映仪式。在中央企业当中，这是第一次用影像志的方式来展示社会责任的一些做法和成效。其通过实地拍摄，生动地记录了中国电力建设集团有限公司在赞比亚打造精品工程、积极融入当地、推动当地发展的典型事件，开创了中国企业海外社会责任传播的新方式。

6.5 中国企业海外社会责任“说”与“做”的权衡

将企业社会责任在“做”和“说”两个维度上按照水平的高低划分成两档，那么企业社会责任战略就有四种模式：说好做好；说差做好；说差做差；说好做差，如图 6-2 所示。

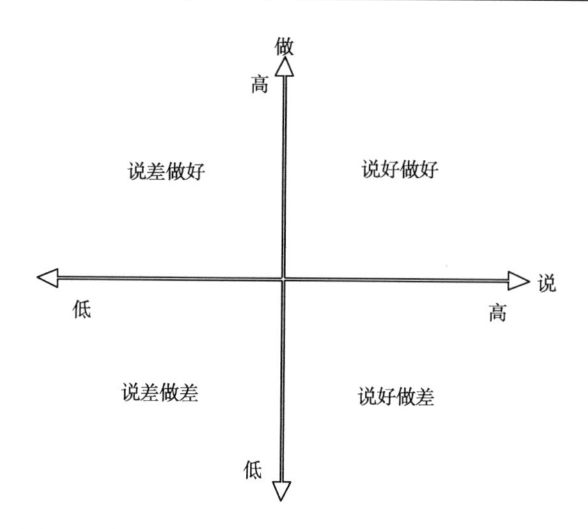

图 6-2　中国企业海外社会责任“说”与“做”的组合

中国企业在“一带一路”沿线需要通过履行社会责任获得合法性从而“走下去”，同时需要积极与多维利益相关者沟通而进一步“走进去”。因此，为了更好地在海外开展业务，中国企业海外社会责任战略可行模式可概括为两种：即做好说好和做差说好。

企业采取做差说好的 CSR 沟通策略具有一定的普遍性，但同时会给企业带来潜在的风险。特别是在“一带一路”沿线，中国企业海外履行社会责任的情况受到母国、东道国、“一带一路”沿线其他国家和西方国家众多利益相关者的关注和监督，采取言行背离的社会责任沟通策略会给企业带来巨大的风险，不仅使得企业“走进去”的进程受阻，还会损害企业自身乃至整个中国企业的国际形象。

因此，中国企业海外履行社会责任的最佳策略为做好说好，即对企业社会责任行为进行真实的披露。但需要强调的是，在披露真实信息的前提下，企业可以从战略性使用语言的角度，通过选择、运用文本和图像语言来呈现特定的信息，并结合沟通时机和方式以实现与利益相关者最佳沟通而助力企业“走进去”。

6.6　本章小结

本章首先介绍如何识别多维利益相关者及其诉求，随后基于文本和图像语言的异同，分析多维利益相关者视角下的 CSR 报告语言选择策略，以及沟通时机和沟通方式的选择，并指出中国企业海外社会责任在“说”与“做”的组合上最佳的方式是保持一致。然而，企业也非常关心其履行海外社会责任所取得的效果，以及当企业回应利益相关者诉求之后利益相关者的诉求会如何变化，而影响利益相关者结构的改变，这些都决定了企业应该如何动态调整其海外社会责任战略，这也是第 7 章的主要内容。

第7章　中国企业海外社会责任国际影响评估与反馈机制

“走进去”的中国企业需要进一步“走上去”，而“走上去”的实质是对海外社会责任的国际影响进行评估，进而根据评估结果的反馈来调整企业海外社会责任战略。中国企业海外社会责任的国际影响评估与反馈机制研究是“一带一路”行稳致远的关键所在。通过构建国际影响评估与反馈机制可以清晰掌握中国企业实施海外CSR战略的效果、具体社会责任内容的推进程度及同具体国家的合作水平，便于及时调整CSR的方向和力度，为CSR决策提供重要依据。

7.1　利益相关者诉求满足评估与动态调整

本章从利益相关者视角入手，探索来自东道国、“一带一路”沿线其他国家及西方发达国家的多维利益相关者对中国企业海外社会责任的反馈，构建利益相关者诉求满足评估体系与诉求调整机制，具体框架如图7-1所示。

构建中国企业海外社会责任实施效果评估体系的前提是识别重要的利益相关者。通常意义上的利益相关者包含政府、社区、员工、股东、投资者、供应商、客户等。基于第4章构建的决策模型，参照第5章和第6章的内容，本章首先分析如何识别出利益相关者，再遵循利益相关者的合法性、重要性、紧急性由高到低的程度，筛选出东道国、“一带一路”沿线其他国家、西方发达国家、母国的重要利益相关者。

对海外各个国家的重要利益相关者的影响主要还是考察中国企业在东道国履行企业社会责任产生的国际影响。一般而言，中国企业在东道国优先关注的是投资者、员工关系、公众、媒体、NGO、社区及当地政府的诉求，企业只有获得了上述利益相关者的认可与支持才能开展海外业务。特别是，中国企业在海外的形象代表了国家形象，其一举一动都受到海外媒体的关注，媒体制造的舆论导向直接影响企业的海外声誉乃至母国的国际形象。同时，“一带一路”沿线其他国家对“一带一路”倡议的支持程度不尽相同，其既希望通过参与“一带一路”倡议发展本国经济，又对此倡议持不确定与观望的态度，因此可以将当地媒体与政府作为来自沿线其他国家的重要利益相关者代表，据此评估中国企业海外社会责任的实施效果。

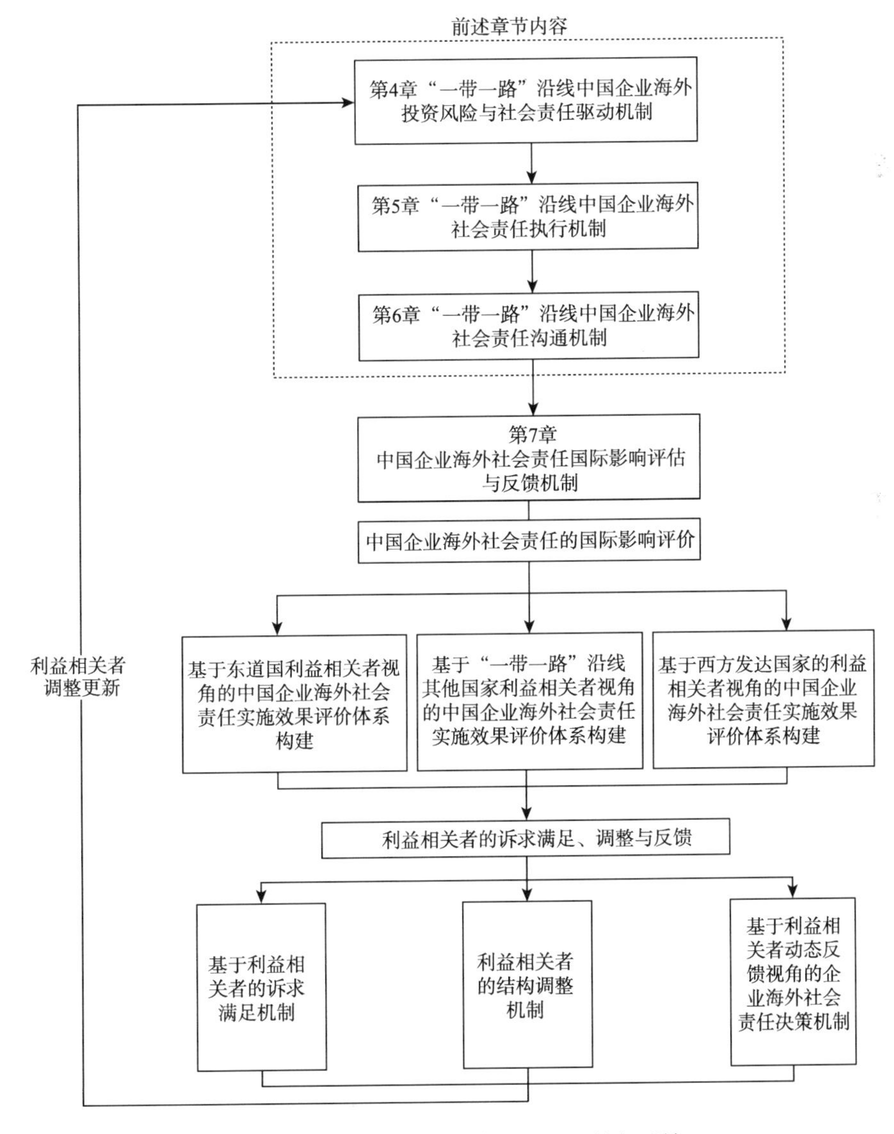

图 7-1　利益相关者的诉求满足、调整与反馈

众所周知，西方国家对“一带一路”倡议有一些不同的看法。可以选择国际媒体、西方政府、国际 NGO 及商界精英作为来自西方发达国家的重要利益相关者代表。可以通过构建社会责任效果评价体系评估企业履行海外社会责任对这些利益相关者的影响，减少上述利益相关者的误解，促进合作。具体思路如图 7-2 所示。

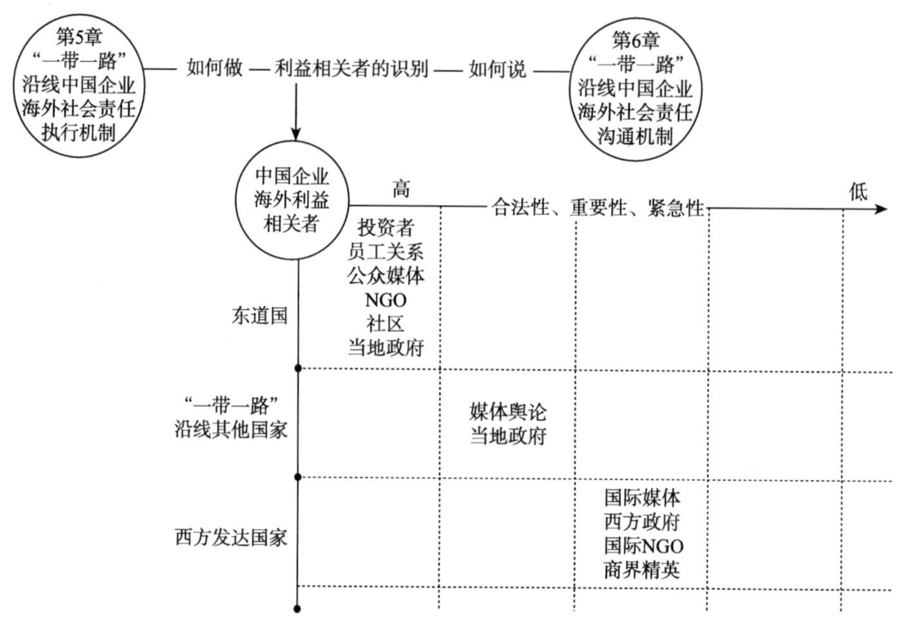

图 7-2　中国企业海外利益相关者排序

7.2　中国企业海外社会责任的国际影响评价

7.2.1　基于东道国利益相关者视角的中国企业海外社会责任实施效果评价

在“一带一路”倡议的背景下，中国企业在进行海外投资或者执行海外项目时，无论是以“援建”还是以“利润”为目标，本质上都是对当地劳动与自然资源的利用，需要与当地政府及社区产生互动，社会责任是企业无可回避的话题。但是，目前尚不清楚中国企业在东道国履行社会责任的情况究竟如何。那么，在

“一带一路”倡议的推行下，如何构建与之相对应的评价体系，进而反映中国企业履行海外社会责任在东道国产生的国际影响?

首先，根据第 5 章中识别的关键利益相关者，分别基于东道国利益相关者的特征，依据合法性、重要性、紧急性原则，据此提取定性指标与定量指标的信息因子，包括员工关系、公众、媒体、NGO、社区、当地政府等。其次，建立基于东道国利益相关者视角的中国企业海外社会责任表征指标，以利益相关者的诉求和对信息因子重要性评价为基础，确定因子结构。最后，通过构建表征指标形成中国企业海外社会责任评价体系。如图 7-3 所示，这里给出评价东道国利益相关者满意度的指标体系。

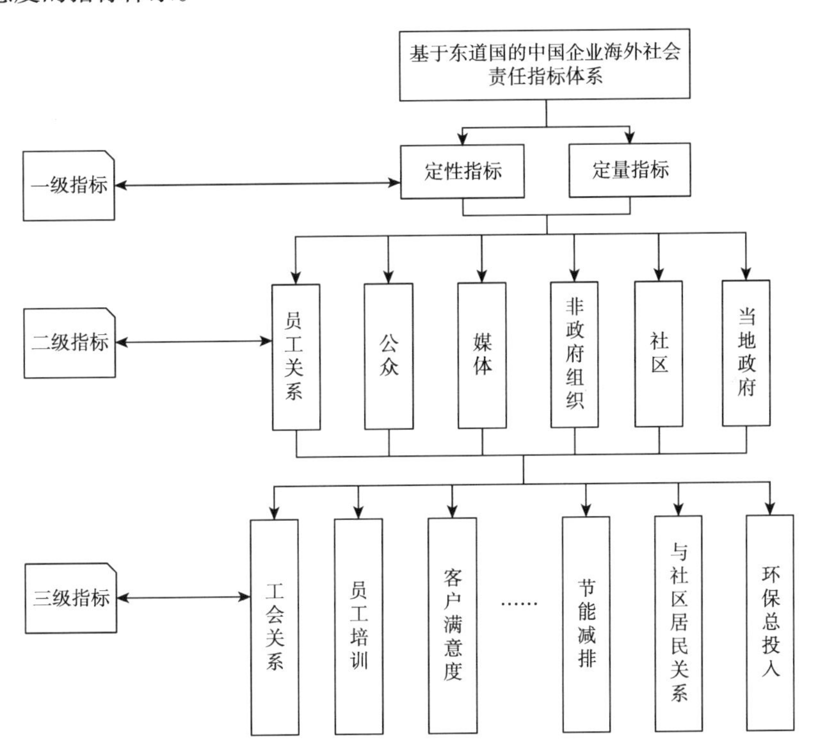

图 7-3　东道国利益相关者视角下的中国企业海外社会责任效果评价指标体系

具体而言，在二级指标中，“员工关系”可以使用劳动合同签订率、社会保险覆盖率、员工体检覆盖率、工会关系、员工培训等指标进行衡量。“公众”可以使用客户满意度等指标进行衡量。“社区”可以使用与社区居民关系、社区投资总额、志愿者活动等指标进行衡量。

企业可以基于上述三级指标建立数据库收集年度评估数据。例如，“工会关系”的衡量方法为海外中国企业是否设立工会以保证公平对待所有员工，有则为 1，没有则为0。“员工培训”是指海外中资企业是否采用专业的员工培训体制并具有公平透明的晋升渠道，有则为1，没有则为0。“客户满意度”是针对海外市场进行的客户满意度调查。“节能减排”是指海外公司是否有节约能源、减少三废排放的政策、措施和技术，有则为1，没有则为0。“与社区居民关系”是指海外公司是否同社区居民建立了良好关系，尊重主权、土地、文化、人权和知识产权，有则为1，没有则为0。“环保总投入”表示海外公司环保投资总额。据此提出中国企业海外社会责任的实施效果评价方法，如式（7-1）所示。

$$A_1 = \sum_{i=1}^{n} \lambda_i C_i \quad (7\text{-}1)$$

其中，A_1表示东道国利益相关者对中国企业海外社会责任的评价得分；λ_i表示各项指标的权重；C_i表示经过归一化处理的各项指标值。根据A_1的数值大小，可以清楚地对中资企业海外社会责任的实施效果进行评价，其综合评价值越高，说明中国企业海外社会责任的履行效果越好。例如，当海外中国企业提高员工薪资与待遇，并提供相应的医疗管理体系时，会提升员工的满意度，进而赢得积极的口碑；优秀的员工关系也会获得当地政府及社区的认可，从而树立良好的社会形象，提升品牌知名度。

中国建筑股份有限公司十分重视“员工培训”这一维度的投入，其早在2011年就于阿尔及利亚建立培训学校，旨在培养阿方员工的专业知识与工作技能，促进当地就业。这不仅有助于在阿尔及利亚的业务开展，而且展现出一个负责任的企业形象。除了注重“员工培训”，海外中资企业也注重履行“与社区居民关系”以及“节能减排”等方面的社会责任。中地海外集团切实关注尼日利亚干旱缺水的状况，免费向当地居民聚集区捐赠了一套供水系统，极大地解决了当地居民水资源短缺、用水困难等现实问题。

为了收集相关资料，也可以针对东道国利益相关者发放调查问卷来收集相关定性和定量信息。调查问卷可以包括以下题项。

（1）该公司给予员工的福利待遇有哪些？

（2）该公司是否慰问员工、帮扶困难员工及家属？如员工子女的教育。

（3）该公司是否对当地员工进行培训，为他们提供职业上升渠道？

（4）该公司在员工管理方面存在哪些挑战？这些挑战是如何解决的，以及解决的效果如何？

（5）该公司雇用当地员工比例及女性员工比例是多少？

（6）该公司是否有针对女性员工的关怀政策？

（7）该公司员工的平均工作时长是多少？有无加班情况，如果有加班情况，是否有加班补贴？

（8）该公司在当地的劳工保护标准及措施有哪些？

（9）履行社会责任能激发该公司员工的劳动潜力和劳动积极性吗？

（10）履行社会责任能增强该公司员工的归属感，使他们不会选择跳槽或者离职吗？

（11）履行社会责任能促使该公司形成良好的企业文化，强化凝聚力吗？

（12）履行社会责任能拉动该公司的产品销售与利润增长吗？

（13）履行社会责任可以提高该公司在海外的品牌价值吗？

（14）履行社会责任便于该公司打开国外市场并巩固海外市场地位吗？

（15）通过履行社会责任可以吸引到优秀的人才吗？

（16）该公司切实提高员工的各项福利待遇吗？

（17）该公司优先解决当地居民的就业问题吗？

（18）该公司为员工提供了达标的工作环境与安全保障措施吗？

（19）该公司为员工制定了严格的健康管理体系和完善的医疗制度吗？

（20）该公司对特殊职工（如孕产妇、哺乳期妇女、残疾人等）采取保护措施吗？

7.2.2 "一带一路"沿线其他国家利益相关者视角下的中国企业海外社会责任实施效果评价

随着"一带一路"沿线国家的发展和媒体的互联网化，越来越多的 NGO 和国际媒体介入企业社会责任的监督和报道中，这样无形中放大了中国企业海外社会责任的国际效应，使得中国企业履行海外社会责任成为提升企业竞争力乃至国家竞争力重要途径。作为"一带一路"倡议的实行者，中国跨国企业实际上承担着"海外发言人"的角色。中国企业在东道国的社会责任表现好会对"一带一路"沿线其他国家的利益相关者产生积极影响，取得良好的社会效应，这是实现企业海外可持续发展中至关重要的一环。这就主要依靠企业社会责任沟通（第 6 章）发挥作用。

在分析中国企业在东道国履行社会责任对"一带一路"沿线其他国家利益相关者的影响时，采取与前一部分同样的思路，首先基于第 6 章中识别出的重要利益相关者，提取海外社会责任定性与定量指标的信息因子；其次建立基于"一带一路"沿线其他国家的中国企业海外社会责任表征指标，确定权重；最后建立基于"一带一路"沿线其他国家利益相关者视角的中国企业海外社会责任实施效果评价体系。具体指标体系和构建思路如图 7-4 所示。

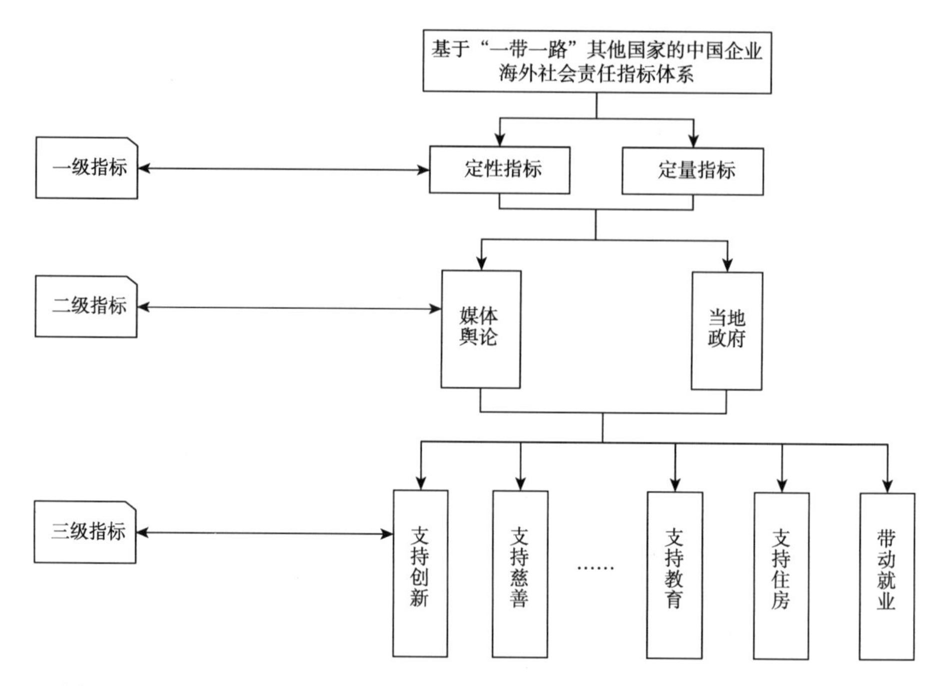

图 7-4　基于“一带一路”沿线其他国家利益相关者视角的中国企业海外社会责任实施效果评价指标体系

在上述评价体系中，二级指标“媒体舆论”可以使用企业荣誉、社会认可度、满意度等指标进行衡量。“当地政府”可以使用促进当地经济发展、带动就业等指标进行衡量。在三级指标中，“支持创新”表示海外公司是否有支持创新项目的行为，如支持东道国年轻人创业，有则为 1，没有则为 0。“支持慈善”是指海外公司是否支持慈善活动，如建立海外慈善基金、与 NGO 合作推广慈善事业，有则为 1，没有则为 0。“支持教育”是指海外公司是否有支持教育项目的行为，如创办学校、资助贫困学生，有则为 1，没有则为 0。“支持住房”表示海外公司是否为弱势群体提供住房，有则为 1，没有则为 0。“带动就业”表示海外公司是否有带动当地就业的政策或措施，如本地化雇佣政策等，有则为 1，没有则为 0。

同样地，基于式（7-1）计算中国企业海外社会责任实施对“一带一路”沿线其他国家利益相关者的影响得分。其综合评价值越高，说明中国企业的海外社会责任实施效果越好。例如，当中国企业在当地创办学校，资助贫困学生，热衷公益事业，同情弱势群体，对当地社区的发展具有积极作用时，将得到其他国家利益相关者的认可和积极评价。

中国有色集团是在上述方面践行海外社会责任的典范。其在赞比亚成立的中赞友谊医院是当地规模第二大的医院，同时也是非洲唯一一所由中国人开设的医院。该医院在当地疫苗接种、传染病防治等方面起到了重要作用，同时吸引了周围国家的医务工作者，为非洲的医疗卫生事业发展做出了巨大贡献。

同样，也可以针对“一带一路”沿线其他国家利益相关者设计调查问卷收集中国企业海外社会责任实施效果相关的定性和定量信息。调查问卷可以包括以下题项。

（1）该公司组织员工参加志愿者活动吗？

（2）该公司设立了专门的基金支持慈善捐助吗？

（3）该公司设立了员工活动中心吗？

（4）该公司设立了节能设备改造的专项资金吗？

（5）该公司向福利机构、非营利组织捐赠物资吗？

（6）该公司履行社会责任能维护利益相关者的权益，实现公正对待吗？

（7）该公司履行社会责任可以提高社区居民生活质量，改善社区环境吗？

（8）该公司履行社会责任能够促进当地经济发展吗？

（9）该公司通过履行社会责任能够影响海外政府政策的制定与实施吗？

（10）该公司履行社会责任有助于提高当地社会的道德水平吗？

（11）该公司积极关注当地的慈善公益与教育卫生项目吗？

（12）该公司为当地的贫困地区积极捐款吗？

（13）该公司热心环保，严格执行各项减排措施吗？

（14）该公司将道德、环境等相关社会责任要求纳入采购合同吗？

（15）该公司制定和公布了劳工、人权和环境责任标准吗？

（16）该公司贯彻和实施社会责任体系认证（如SA 8000等）吗？

（17）该公司在海外具有完善的售后服务体系吗？

（18）该公司对给社区造成的消极影响给予合理补偿吗？

（19）该公司尊重东道国文化和宗教信仰，保护当地文化遗产吗？

（20）该公司遵守东道国法律法规、市场规则、劳工政策吗？

（21）该公司对东道国进行技术援助（如无偿培训、技术传授等）吗？

7.2.3　基于西方发达国家的利益相关者视角的中国企业海外社会责任实施效果评价

由于西方发达国家对于“一带一路”倡议有不同的看法，当海外中国企业出现税务纠纷、环境破坏、平权争议等负面事件时，西方媒体、社会精英、政府部门会借机大肆抹黑中国企业、误导公众，这给中国企业的海外经营带来巨大困难与阻碍。通过评估西方发达国家的利益相关者对中国企业海外社会责任的评价，可以帮助海外中国企业查找各环节的遗漏之处，有利于完善中国企业海外社会责任的执行与沟通机制，进一步缓解与西方发达国家之间的矛盾与误会。那么，如何基于西方发达国家利益相关者视角构建中国企业海外社会责任实施效果评价体系，反映中国企业履行海外社会责任在西方发达国家产生的国际影响呢？

具体而言，首先参照第6章中关注的西方国家重要利益相关者，如国际媒体、西方政府、国际NGO、商界精英等，采用如前所述的思路，分析其诉求特征并建立多层次、系统的社会责任表征指标，确定因子结构及权重。指标构建体系如图7-5所示。

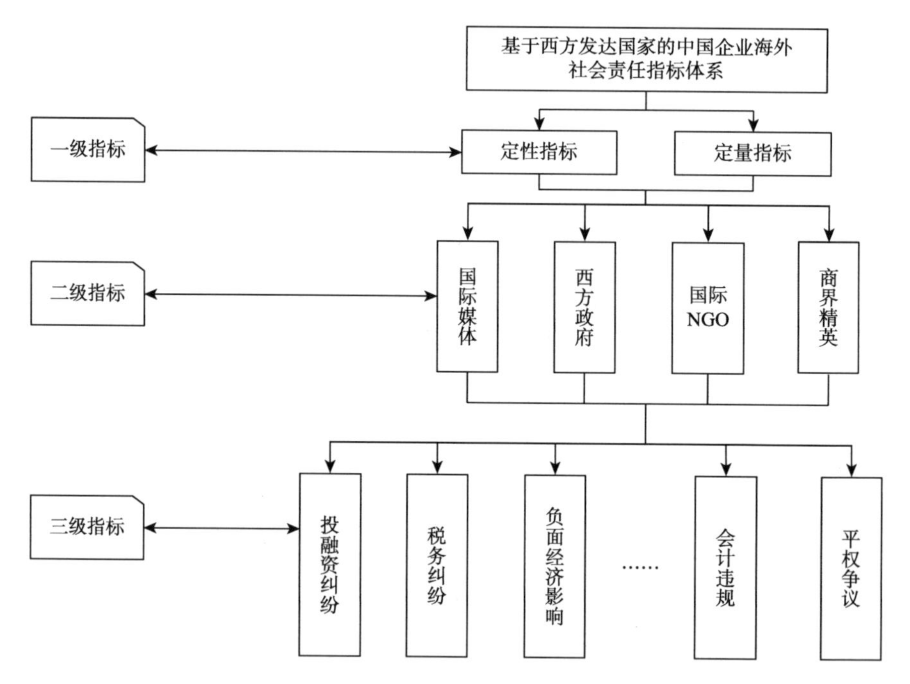

图7-5　西方发达国家的利益相关者视角下的中国企业海外社会责任实施效果评价指标体系

其中，二级指标“国际媒体”可以使用国际纸媒、互联网等媒体对海外中资企业的报道数量、报道态度等指标进行衡量。“西方政府”可以使用西方政府针对海外中资企业颁布的政策法规内容、数量等进行衡量。“国际NGO”可以使用平权争议、用工歧视等案件数量进行衡量。三级指标中，“投融资纠纷”表示海外公司是否在投融资或借贷款方面产生纠纷和争议，有则为−1，没有则为0。“税务纠纷”表示海外公司是否卷入当局的税务纠纷，有则为−1，没有则为0。“负面经济影响”是指海外公司的行为是否对社区产生负面影响，如环境污染、水权纠纷或其他对生活质量产生不利影响的行为等，有则为−1，没有则为0。“会计违规”是指海外公司是否发生了会计违规行为，有则为−1，没有则为 0。“平权争议”是指海外公司是否因平权问题受到民事处罚，有则为−1，没有则为 0。类似地，基于式（7-1）计算中国企业海外社会责任对西方发达国家利益相关者影响得分，根据得分数值，可以判断西方发达国家的利益相关者对海外中资企业的态度。

相应地，也可以采用问卷调查的方式来收集相关评价信息，题项如下所示。

（1）该公司是否会与国际 NGO 合作?

（2）该公司是否存在投融资纠纷?

（3）该公司是否积极保护消费者利益?

（4）该公司是否对当地产生负面经济影响?

（5）该公司是否遵守当地法律?

（6）该公司是否遵守当地风俗?

（7）该公司是否雇用当地员工?

需要指出的是，考虑中国企业在东道国履行企业社会责任的国际影响的同时，也不能忽视其对母国利益相关者的影响。海外的利益相关者不仅仅关注企业如何回应其诉求，还会关注企业如何回应母国利益相关者的诉求。国家间比较的结果直接影响利益相关者感知到的企业对其诉求的重视程度。另外，如果企业到多个东道国开展业务，那么这种社会比较也涵盖企业如何在这些相关国家履行社会责任。因此，在评价企业海外社会责任国际影响的同时，一方面，要关注企业在各地区履行社会责任的差异给各利益相关者带来的影响；另一方面，也要考虑在母国履行社会责任的国际影响。

7.3　利益相关者的诉求满足、调整与反馈

7.3.1　诉求满足与利益相关者结构调整

从动态的视角来看，当期企业对利益相关者诉求的满足水平直接影响下一期利益相关者的诉求水平和企业感知到的利益相关者的合法性、影响力和紧急性。如图 7-6 所示，当利益相关者的诉求得到满足后，从企业的角度来看，回应该利益相关者诉求的紧急性就降低了，利益相关者要求公司满足其诉求的合法性和影响力也同样降低；而当利益相关者的诉求未能得到满足时，从企业的角度来看，

回应该利益相关者的诉求更为紧急，并且该利益相关者也能通过一些策略来提升要求公司满足其诉求的合法性和影响力（如结成联盟；寻求其他利益相关者的支持等）。

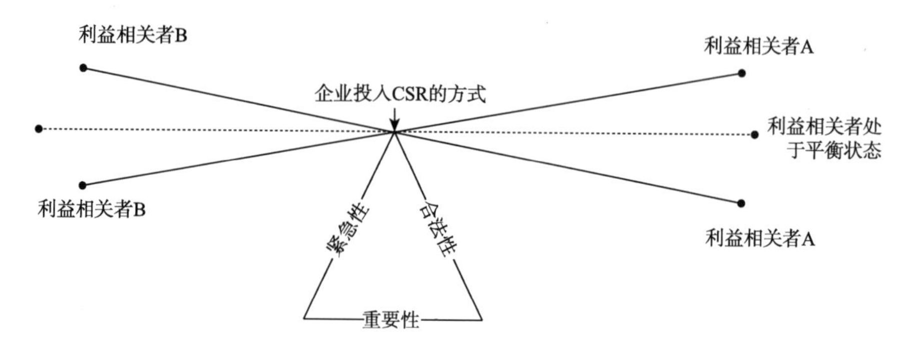

图 7-6　利益相关者的诉求满足与结构调整

因此，企业在履行海外社会责任的过程中，所面对的重要利益相关者的结构和其诉求并非固定不变而是动态调整的。如图 7-7 所示，建立企业海外社会责任的国际影响评价体系能够为企业直观地反馈和定量化地展现“一带一路”沿线中国企业海外社会责任的履行情况，综合分析研判其国际影响力。更为重要的是，为企业动态评估、调整其所需要面对的利益相关者提供依据。

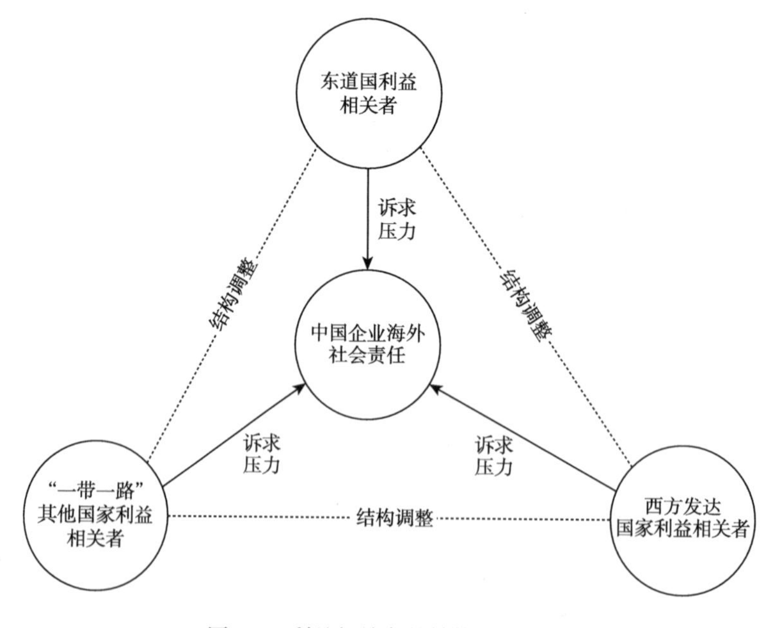

图 7-7　利益相关者的结构调整机制

这就需要企业也动态调整其社会责任的决策、执行和沟通方式，进而形成一个动态循环、螺旋式上升的企业海外社会责任的反馈演化系统。故而，通过建立利益相关者的诉求满足与反馈机制，可以有效对中国企业履行海外社会责任的全过程进行动态跟踪和评价，从而在业务开展流程中优先满足重要利益相关者的诉求，找到最佳企业社会责任的开展范围，达到最优沟通效果，构建“走出去→走下去→走进去→走上去”这一中国企业海外可持续发展的动态体系。具体思路如图 7-8 所示。

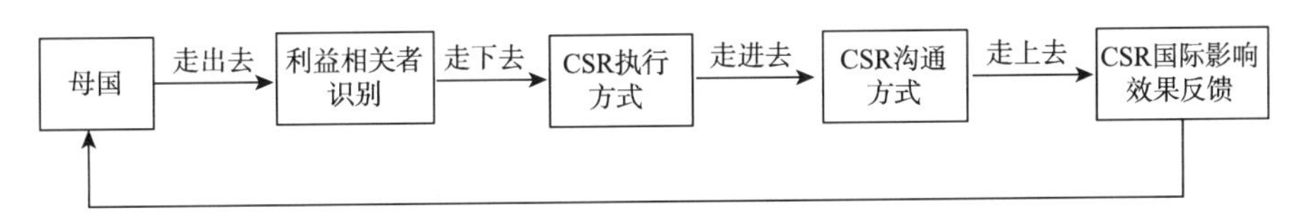

图 7-8　基于利益相关者反馈视角的企业海外社会责任决策机制

7.3.2　紫金矿业的利益相关者结构动态调整与社会责任演变

吉尔吉斯斯坦奥同克有限责任公司，作为紫金矿业的海外分公司，就在不同发展阶段采用了不同的企业社会责任策略。借鉴李业（2000）对企业生命周期的衡量方式，采用销售额指标对奥同克公司进行企业生命周期划分。2012～2014 年为奥同克的导入期，其社会责任履行重在获得社区、经营者及东道国政府支持，在员工、投资者及环境保护等社会责任维度履行较少，具体情况如图 7-9 所示。

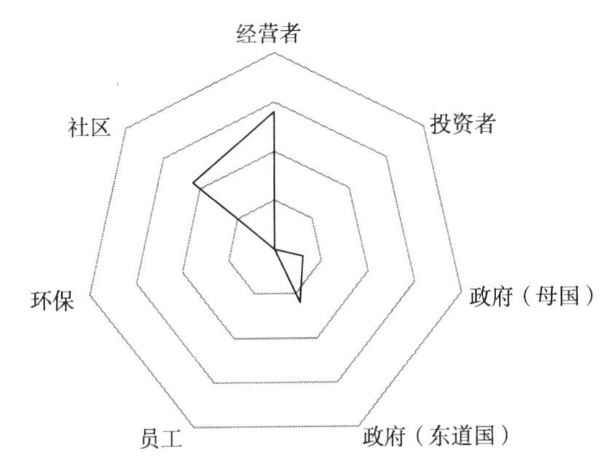

图 7-9　奥同克在导入期的企业社会责任表现

随着 2015 年奥同克正式投入生产经营，营业利润和销售额逐渐增加，奥同克进入了成长期，社会责任的履行也发生了动态调整，不仅进一步增加了经营者维度的社会责任投入，还新增了员工、环保等社会责任维度投入，具体情况如图 7-10 所示。

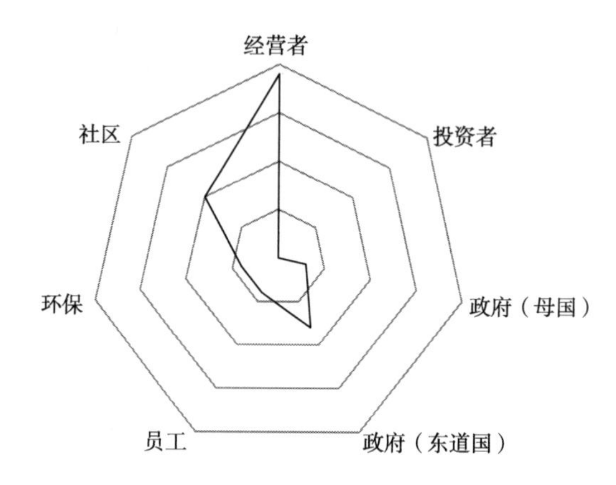

图 7-10　奥同克在成长期的企业社会责任表现

诺顿金田有限公司（Norton Gold Fields Limited）（简称诺顿金田）是澳大利亚国内最大的黄金生产商之一，在 2012 年紫金矿业成为第一大股东后，也采取了动态调整的企业社会责任策略。如图 7-11 所示，该公司在 2012～2014 年的企业社会责任几乎全部向着满足社区的利益诉求倾斜。

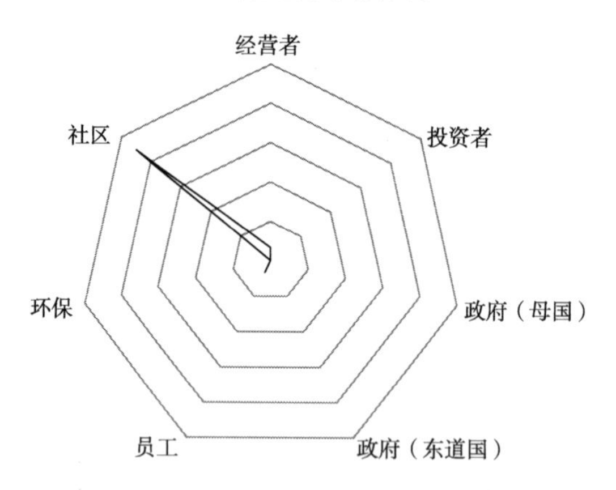

图 7-11　诺顿金田在成长期的企业社会责任表现

随着 2015 年诺顿金田从澳交所退市，企业进入了成熟期，社会责任的履行也发生了动态调整，社区、经营者等社会责任维度皆有涉及，变成更为广泛地履行社会责任，如图 7-12 所示。

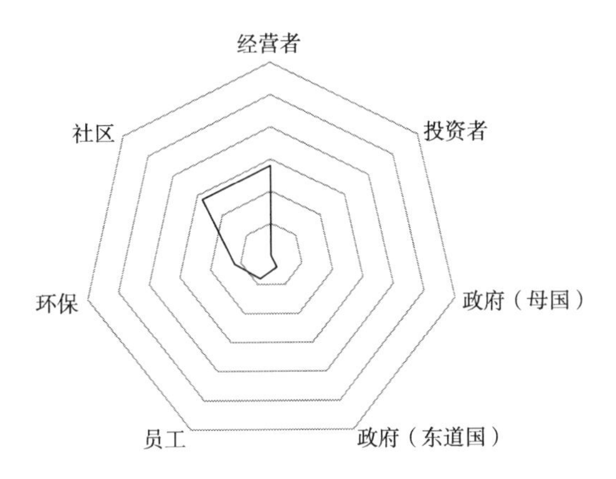

图 7-12　诺顿金田在成熟期的企业社会责任表现

7.4 本章小结

本章针对“一带一路”沿线“走进去”的海外中资企业，从东道国、“一带一路”其他国家及西方发达国家三个维度出发，构建海外社会责任评价体系，有效地评估上述维度下利益相关者的诉求满足情况，在此基础上结合利益相关者视角，剖析了海外中资企业履行社会责任的动态演化机制。其核心在于利益相关者的诉求及其诉求满足水平并不是固定不变的，而是随着环境和企业社会责任履行和沟通情况而不断变化的，企业只有把握由此引起的利益相关者结构及其诉求的变化，才能更好地履行海外社会责任，巩固和提升与众多利益相关者的关系，不断提升企业海外影响力。

另外，面对错综复杂的国际环境，特别是 2020 年新冠肺炎疫情之后，国家的对外开放战略有重大调整，强调双循环互促发展并且要着力构建更高水平的海外投资格局。这实际上给“走出去”的企业提出了更高的要求。面对新的环境，除了追求海外可持续发展以外，企业韧性即应对危机和从危机中恢复、转危为机的能力就显得越发重要。企业海外社会责任战略如何调整是当下企业需要思考的问题。

第 8 章　后疫情时代的企业海外社会责任升级与组织韧性[①]

前叙内容主要关注企业社会责任的战略作用，围绕其对公司与外部利益相关者间关系的影响这一视角展开（Wang et al.，2016；Wang et al.，2021），强调企业通过履行社会责任，回应利益相关者诉求，而得到利益相关者的认可和支持，从而支撑企业海外业务的发展，实现可持续发展。与可持续发展相关的一个概念是组织韧性。两者都强调企业的生存能力，不同在于可持续性强调企业整合企业、环境和社会资源的适应能力；而组织韧性强调企业应对危机的能力。特别是，面对社会、经济甚至是全球环境的多变和动荡，尤其是后疫情时代，全球国际化格局发生巨变，中国企业"走出去"在海外经营将面临更大的国际、东道国和其他国家的风险，如贸易保护主义、去全球化、全球供应链的重组、环境保护主义等，对企业在海外的可持续发展提出了更大的挑战。企业为了保持稳定性和灵活性，需要提升自己在危机中生存下来并且进一步获得持续增长的能力，即组织韧性（Ortiz-de-Mandojana and Bansal，2016）。

这就回到本领域一个基本问题：企业为何履行社会责任，尤其是海外社会责任？虽然已有研究基于社会责任活动（如慈善捐款）的保险作用视角指出企业履行社会责任能够产生道德资本，而降低利益相关者对企业不当行为的负面反应（Shiu and Yang，2017；Luo et al.，2018；Jia et al.，2020）；但是，越来越多的研究也发现企业履行社会责任不仅不能发挥保险作用，甚至还会激化利益相关者对公司不当行为的负面反应（Vergne et al.，2018）。

显然，战略性地履行企业社会责任强调企业的社会责任活动聚焦于对市场价值和财务绩效的提升（Vishwanathan et al.，2020），但是该方式是否真的能够给企业带来保护作用，进而提高组织应对海外投资风险的能力也越来越受到质疑和挑战。尤其是当我们从研究单一利益相关者对企业社会责任行为的影响转

① 本部分内容发表于《管理学季刊》2020 年第三期。本书做了修改。

向关注于利益相关者之间诉求冲突（如政府与投资者之间的诉求冲突、海外利益相关者与国内利益相关者之间的诉求冲突）如何影响企业社会责任行为时，发现企业会采取象征性的方式发布企业社会责任报告（Luo et al.，2017），甚至不敢对外公开自己的捐款行为（Wang et al.，2021），乃至直接漂绿粉饰社会责任投入（Wu et al.，2020）。

这些都促使我们去思考，企业履行海外社会责任到底能给企业带来什么？尤其是在新冠肺炎疫情之下，大批的企业面临生存危机，甚至包括此前履行社会责任评分甚好的企业（如瑞声科技[①]）。企业履行海外社会责任的良好记录与企业应对疫情冲击的无力和忙乱也促使我们重新审慎思考企业到底为何（why）及如何（how）履行社会责任的问题（Mitnick et al.，2020）。特别是在后疫情时代，中国企业国际化面临新的挑战与威胁，在"走出去"过程中如何实施海外社会责任转型进而增强组织韧性以应对突发性危机事件是确保企业海外可持续发展的关键。基于此，本章提出通过履行社会责任构建海外高韧性组织的分析框架。

8.1　后疫情时代跨国经营的高度不确定性和组织韧性的构建

8.1.1　后疫情时代给跨国企业带来的严峻挑战

新冠肺炎疫情之下，整个社会突然处于静止状态，商业活动的暂停、缓慢恢复和国际贸易的中断给企业带来巨大的生存挑战（如物流、航空、制造等行业）。由于疫情期间企业处于停工状态，货物积压的同时，仍然需要承担房屋租金、员工工资、社保税收等开支，现金流的紧张使得很多企业面临生存危机。例如，2020 年 2 月，清华大学经济管理学院、北京小微企业综合金融服务有限公司和北京大学汇丰商学院联合对 995 家中小企业进行调研发现："受疫情影响，预计 29.58%的企业营业收入下降幅度超过 50%，58.05%的企业下降 20%以上。同时，账上现金余额能维持企业生存时间一项，85.01%的企业表示最多能维持 3 个月。"[②]同时，

① 瑞声科技于 2020 年 7 月入选富时社会责任指数，标志着其在社会责任方面获得国际社会高度认可（http://finance.sina.com.cn/stock/relnews/hk/2020-07-13/doc-iivhuipn2768250.shtml）。但是，在疫情之下，瑞声科技累计跌幅达到 40.96%，市值蒸发近 336 亿港元（https://www.sohu.com/a/386729331_465270）。

② 资料来源：http://finance.sina.com.cn/china/gncj/2020-02-06/doc-iimxxste9291823.shtml。

中国企业联合会课题组和刘兴国（2020）对我国制造业 500 强企业进行调研发现，新冠肺炎疫情对企业第一季度的经营产生了显著不利影响，给 50.73%的企业带来了很大损失，甚至有 2.55%的企业遭受了无法承受的损失；在出口方面，29.2%的企业出口明显降低，且国际订单的不确定性显著增加。

新冠肺炎疫情席卷全球的同时也给我国海外企业带来了较大影响。为了有效阻止疫情，各国政府不得已陆续采取封城、封国的措施，关闭航空、关闭边境。虽然我国在应对新冠肺炎疫情中取得了显著的成绩，但是海外疫情仍然没有得到有效控制。这就使得我国跨国企业面临更大的不确定性风险，如跨国物流推迟、物流价格升高、出口关税提高、企业自身防疫压力倍增、生产成本不断增大等。同时，新冠肺炎疫情的暴发及一些谣言传播加剧了人们之间的误解与恐慌。中资企业在海外就需要认真做好跨文化沟通和管理的相关工作，积极融入当地社会，履行相应的海外社会责任，进而为企业海外业务开展营造良好的环境。但是，跨国企业如何在系统性危机之下仍然保持持续增长能力是当前我们关注的重点问题。

系统性危机是指某一群体中（可以是某个地区、国家，也可以是某个行业）因多种内部或者外部因素在某一时间段内没有被发现或者重视，而无法控制使得参与者普遍受到影响的危机。应对这样的危机只能通过对系统进行重大重组来解决；如果能够通过针对系统单个主体实施救助的方式来解决危机，则为非系统性危机（Eisenberg and Noe，2001；Kotz，2009）。

这里，我们还想强调的是，虽然我们以当下的疫情为背景来分析系统性危机的特征，但并不意味着这种系统性危机的特征只是疫情之下才有的，而应该是具备普适性的。也就是说，疫情过后，企业同样也会面临其他的系统性风险挑战。而正是疫情的发生，让我们注意到系统性危机的存在既给企业生存带来了巨大的挑战，也推动了企业去思考如何构建自身的组织韧性。

特别是，系统性危机与企业在正常商业活动中所经历的非系统性危机存在很大的差别。

第一，系统性危机影响的范围更广。正常经营环境下，企业所面临的非系统性危机一般只是影响企业自身和与其有关联的利益相关者，如面临财务危机的企业可能会使得与其有贷款业务的银行等受到影响。这种情况下，企业通过与利益相关者所建立的互惠关系容易得到资源的再投入而度过危机。

而在疫情所带来的系统性危机之下，企业、社会群体、个人都会受到影响，这种影响是普遍性的而使得危机对企业及其利益相关者的影响被扩大。在这种情况下，资源会变得更为稀缺，如受疫情影响而面临财务危机的企业就不再那么容易从银行获得贷款，因为银行同样需要应对大量其他企业同样的问题。

第二，系统性危机给企业生存带来严重挑战。虽然企业在正常经营环境下也会遇到危机，如人力资源短缺、现金不足、库存不够等问题，但是这些问题都会随着社会资源的充盈和市场资源配置的手段发挥得到缓解，如可以通过招工、借贷和引入新的供应商等办法来解决这些现实问题。

然而，当企业面对系统性危机的时候，所有企业都会遇到类似的问题。那么，如果许多企业同时需要某些特定的稀缺资源，在这种状况下就会产生对稀缺资源的“挤兑”，而导致无法再通过市场机制来配置资源。此时，企业很可能无法得到有效的资源供给，也没有企业会将稀缺资源拿来交换；即便是有的企业能够得到资源投入，也无法保证这种资源的投入是可持续的。例如，对于航空公司而言，疫情的影响是毁灭性的。政府在疫情之下配置航线资源的时候就只能用行政手段；而航线是否能够在疫情期间得到维持也受许多不可控因素的影响，如疫情的发展。

第三，系统性危机影响的不确定性更大。当企业面对自身的危机时，通过持续性的资源投入，非系统性危机对企业所带来的影响会不断减弱，且企业会在可预期的时间内度过危机。例如，遭遇财务危机的企业或面临法律诉讼的企业，都可以通过采取补救手段来化解危机。也就是说，面对非系统性危机，企业有能力去干预危机的进程。

但是在系统性危机之下，企业和社会群体都面临极大的不确定性，不能预知危机何时能够结束；而且这种危机的影响程度并不会随着企业投入资源去应对危机而得到缓解。例如，疫情之下，企业的供应链何时得以恢复就具有很大的不确定性。这就如同一个吞噬资源的黑洞，企业需要不断获得并投入资源才能维持企业的生存，并且只有那些能够持续投入资源并能够坚持到危机自然结束的企业才能够生存下来。

因此，面对这一系列挑战，为了应对系统性危机，企业采取了各种方式，如裁员、限制投资、降低工资、控制成本等。在疫情之下，许多企业表现得非常脆弱。例如，全球最大的时装零售商之一，Z 的母公司 I 表示将于 2020 年及 2021 年关闭 1 000～1 200 间实体分店[①]（而 Z 的社会责任表现在此之前备受质疑，如在 2012 年就被爆供应链存在污染问题[②]）。然而，有些企业则表现得更为坚韧而受疫情影响更小，甚至还从其中获得收益。例如，京东始终重视对供应链和消费者的社会责任，将消费者的诉求放在优先位置，为保障春节期间物流畅通，实现连续八年“春节不打烊”，并且不断完善基础设施，在疫情期间（也正好是春节期间）其几乎是零售平台中唯一坚持运营的企业[③]。显然，将社会责任放在重要战略位置是企业构建组织韧性以应对系统性危机的关键途径。

---

① 资料来源：https://www.sohu.com/a/402035936_120632774。

② 资料来源：http://finance.sina.com.cn/stock/t/20120411/053311793477.shtml?from=wap。

③ 资料来源：https://www.sohu.com/a/396017100_116903?_f=index_pagerecom_14&spm=smpc.content.fd-d.14.1589800816711nHvpeGM。

8.1.2　组织韧性的构建：定义、特征和重要性

有韧性的组织在面临突发性危机事件时能够保持其核心能力不受影响并且能够重构组织资源和关系进而使得组织快速从危机中恢复过来（Gunderson and Pritchard Jr，2002；Ortiz-de-Mandojana and Bansal，2016），并实现逆势增长（曹仰峰，2020）。曹仰峰（2020）提出为了构建组织韧性，企业需要具备精一战略、稳健资本、互惠关系、坚韧领导和至善文化五方面的能力，从而把公司从内部到外部凝结成一个命运共同体。

精一战略强调企业需要长期保持战略一致性，稳健资本能够降低危机给企业带来的财务挑战，互惠关系能够让员工、投资者等利益相关者与企业同舟共济，坚韧领导能够保证企业面对危机做到领导有力、处置得当，至善文化强调企业本性（即为员工提供有意义的工作，为股东创造财富，为顾客创造价值等）的同时，以利他为核心，将利益相关者的诉求放在第一位，通过情感将企业与各利益相关者凝聚到一起，进而塑造命运共同体意识，这是打造组织韧性，保证企业能够在危机中生存下来并实现持续增长的根本所在。例如，曹仰峰（2020）就以西南航空为例说明该公司能够从 1972 年到 2019 年先后经历四次大的危机，却实现了持续 47 年盈利的壮举，其根本原因就是将文化韧性、战略韧性、关系韧性、资本韧性和领导力韧性有机协同起来，最终构建了强大的组织韧性。

因此，高韧性的组织不能以单一利益相关者的利益为目标，需要从命运共同体的角度定义组织的使命，将更为广泛的利益相关者的诉求纳入组织决策中，通过满足利益相关者的诉求来实现组织的稳健成长。

实际上，越来越多的学者和企业家都开始把注意力投向组织韧性（Kahn et al.，2017），并且非常关注企业社会责任如何增强组织韧性这一问题（Sajko et al.，2020）。同时，我们认为企业履行海外社会责任也是企业应对海外不确定性环境下提升组织韧性的重要战略途径。当然，我们也需要在现行框架下做一些必要的调整。

既然，企业履行社会责任是维持与利益相关者之间关系的重要途径（Wang et al.，2016；Tong et al.，2020），那么，“一带一路”沿线跨国企业是否只要履行海外社会责任就能够建立组织韧性？Bansal 等（2015）将企业社会责任划分为短期社会责任和长期社会责任两种类型。其中，短期社会责任是指企业以改善与利益相关者间关系为目标的社会责任活动，如企业对社区的责任；长期社会责任是指需要企业长期投入，并且能够对组织结构产生显著影响的社会责任活动，如企业对环境、员工、人权、产品质量和安全等方面的责任（Bansal et al.，2015；DesJardine et al.，2019）。有研究发现长期社会责任使得企业面临危机时损失程度

更小且恢复时间更短，进而增强组织韧性（DesJardine et al.，2019；Sajko et al.，2020）。

基于此，本章进一步提出互惠型社会责任和利他型社会责任的概念。其中，互惠型社会责任是指企业以与某一单一利益相关者建立直接互惠关系为目的而履行的社会责任；利他型社会责任是指企业不求短期回报进而与整个社会群体之间建立间接互惠关系的社会责任。我们认为企业海外社会责任由传统互惠型社会责任转变为利他型社会责任是提高组织韧性的基础。因此，我们首先说明为何当前的企业社会责任战略无法强化组织韧性，以及如何履行社会责任才能构建高韧性的组织。然后结合一些实例说明这一核心思想实际上就是提倡“利他型社会责任”和构建共益型组织（benefit corporation）。整体分析框架如图 8-1 所示。

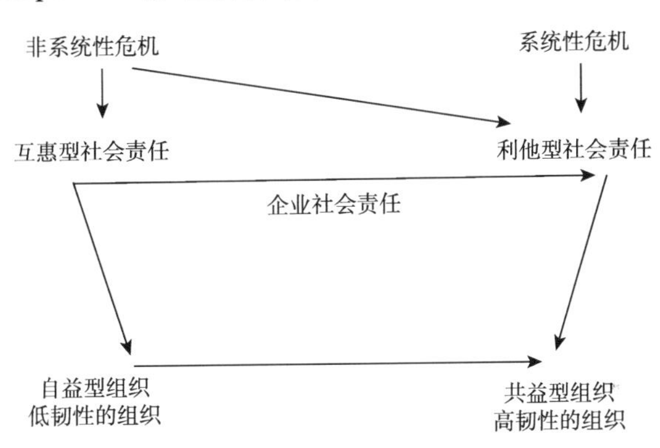

图 8-1　构建高韧性组织的分析框架

8.2　传统互惠型社会责任战略和组织低韧性

8.2.1　互惠型社会责任战略的主要思想

Freeman（1984）提出的利益相关者理论为企业社会责任研究提供了理论框架。利益相关者理论认为，企业本质上是各利益相关者缔结的“一组契约”，企业不仅仅是股东的企业，而且也是各利益相关者的利益共同体；企业发展的物质基础是各利益相关者投入的资本（资源），不仅包括股东投入的股权资本，还包括债权人投入的债务资本、员工投入的人力资本、供应商和客户投入的市场资本、政府投入的公共环境资本（如制定公共制度、提供信息指导和维护生态环境等）及社区提供的经营环境等。企业不仅要对股东负责，还应该承担对债权人、员工、供应商和客户、政府、社区和环境的责任。因此，企业履行社会责任需要满足各方利益相关者的诉求，从而构建起企业与众多利益相关者之间的互惠关系。现有关于企业社会责任方面的研究主要聚焦于企业通过履行社会责任建立与多维利益相关者之间的直接互惠关系，如图 8-2 所示。

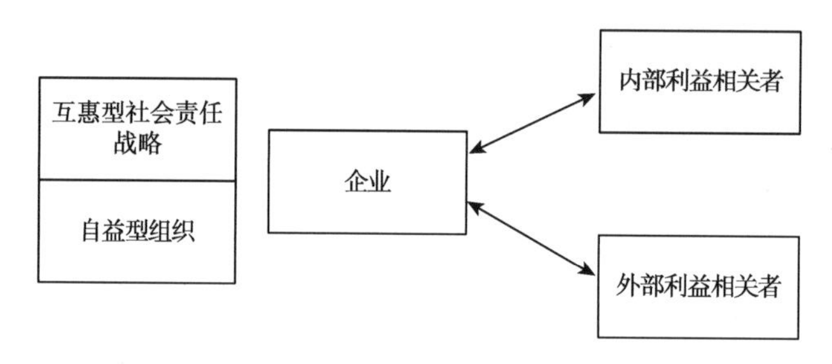

图 8-2　企业与利益相关者之间直接互惠关系

其中，企业互惠型社会责任战略可以分为对外和对内社会责任两种类型。对外社会责任主要是维护公司与外部利益相关者（如投资者、供应商、客户、政府等）之间的互惠关系；对内社会责任则致力于建立公司与员工之间的互惠关系。

现有关于对外社会责任的研究表明企业履行社会责任可以获得政治合法性（Wang and Qian，2011；Zhang et al.，2016；Luo et al.，2017），培养客户满意度（Luo and Bhattacharya，2006；McWilliams et al.，2006），吸引外部投资者的关注（Dhaliwal et al.，2011）等，进而建立与外部利益相关者之间良好的互惠关系。

随着 Aguinis 和 Glavas（2012）在其研究中号召学者们应该深入了解企业社会责任微观层面的影响，越来越多的学者开始关注企业社会责任的微观基础，尤其是其对员工态度和行为的影响（Gond et al.，2017）。对内社会责任研究表明，企业社会责任会对员工的态度和行为产生许多层面的直接影响（Gond et al.，2017），如增强组织承诺（El Akremi et al.，2018）、组织认同（de Roeck et al.，2016）、组织吸引力（Jones et al.，2014）、工作满意度（de Roeck et al.，2014；Glavas and Kelley，2014）、工作追求意愿（Gully et al.，2013）、组织自豪感（de Roeck et al.，2016）、感知组织外部声望（Farooq et al.，2017）、组织信任（Farooq et al.，2014）等；同时企业社会责任可以减少员工离职意向（Shen et al.，2018）、情绪耗竭（Watkins et al.，2015），防止犬儒主义（Archimi et al.，2018）等。

显然，综合来看，对外和对内社会责任能够广泛地用于建立和维护公司与众多外部和内部利益相关者之间的互惠关系，从而为企业的生存和发展提供充足的稀缺资源。在正常的商业竞争环境中，面临其他企业竞争而需要提高企业对稀缺资源的控制能力时，这种互惠型的社会责任战略显然是有益的。但是，当企业面对外部环境的突变而导致的系统性风险时，受这一互惠体系支配的企业就会暴露出组织的低韧性弊端。

8.2.2　互惠型社会责任战略的弊端与低韧性组织

尽管有关互惠型社会责任战略的研究表明企业履行社会责任可以获得利益相关者的支持与帮助，但是，通过直接互惠的作用机制去构建高韧性的组织存在很大难度。

第一，功利化、企业行为的不一致和伪善导致互惠关系容易破裂。企业出于利益交换目的所采取的社会责任行为容易引起利益相关者的负面情绪，如感知到企业的不真诚，进而导致利益相关者的负面反应，使得企业反而可能无法得到支持。特别是当公司行为出现不一致的时候，如一方面对外捐款，另一方面又给高管高工资，这种情况就极容易让公众认为企业履行社会责任并不是真诚的而是伪善的，会带来公众更为严重的负面反应，降低对公司的认可（Vergne et al.，2018）。

有相当一部分文献都提出企业履行社会责任能够提高企业声誉，从而给企业带来广泛的利益。这里，企业声誉是指企业利益相关者对企业的总体评价程度，通过利益相关者的感知度表达出来（李海芹和张子刚，2010）。虽然许多学者发现企业社会责任可以提高企业形象和声誉（Brammer and Millington，2005；Godfrey，2005；李海芹和张子刚，2010），但是这些研究普遍将社会责任作为一个整体进行分析（Bansal et al.，2015），忽略了多维利益相关者之间可能存在的诉求冲突，这样导致的结果就是互惠型社会责任战略会对企业声誉产生潜在的危害。

实际上，企业一旦将社会责任作为战略来考量，就会自然而然将企业决策纳入“成本–收益”的分析框架之中。如果企业履行社会责任是一种投入成本，那么，企业就会通过采取相应的行为来把这些投入变现为收益，如从利益相关者那里直接获取稀缺资源，或者直接侵占利益相关者的利益。此时，企业就会一边给员工提供各种福利保障，一边要求员工“996”；企业也会一边给社区捐款，一边污染环境。

同时，这种互惠型的社会责任体系很难维系。其根源在于利益相关者在得到企业的好处后并不能持续地给予企业所需要的回馈。这种回馈机制一旦消失，互惠关系就很容易瓦解。这也能解释为何个别上市公司的捐款并不存在持续性，而每年的捐款额度实际上波动很大。

无论如何，基于互惠逻辑所开展的社会责任活动难免会在某些时候让企业做出不一致的行为从而招致被利益相关者认为伪善的后果（Wagner et al.，2009）；并且这种互惠型的社会责任关系本身也是不稳定的。那么，一旦企业面对外部系统性的风险而产生生存危机时，理性的利益相关者不会主动站出来给企业提供资源帮助企业度过危机，因为这种投入并不能得到确定性的回报（互惠机制受到挑战），毕竟谁也不知道企业在危机之下能否存续下来。

第二，企业固定的互惠交换对象无法应对系统性危机。企业的员工、外部利益相关者同样会面临系统性危机的挑战，如在疫情之下，企业无法维系固有的资源交换和生存模式。虽然当企业遭遇非系统性危机时（在不存在系统性危机的情况下），具有互惠关系的利益相关者可能会对企业提供支持，当然这种支持也是基于利益交换而会有所保留（也可能得不到支持）。例如，瑞幸咖啡虽然在 2019 年被爆出财务造假，但是其致力为客户提供高品质、高性价比、高便利性的产品，获得了消费者的认可，使得消费者仍然愿意购买瑞幸咖啡[①]（当然，相当一部分消费者是想尽快把优惠券用完）。消费者的“抢购”行为也无意中帮助了瑞幸咖啡。

但是，当面对系统性风险，企业及其利益相关者都面临生存危机时，企业利益联盟体系内的有限资源会不足以支撑整个利益体系的正常运行。这种情况下，企业就无法确定能否从利益同盟那里获得支持，毕竟大家首先想的都是保障自身活下来。这就是为何疫情之下，大批企业转向政府寻求支持（如减税、特殊政策等）。

实际上，企业与利益同盟之间的利益交换关系的形成是在正常商业环境下所演化而成的最佳结果；其本身就不是为应对系统性风险而设计的。这种建立在互惠关系上的利益联盟只能提供维护正常商业活动所需的资源（过多储备资源实际上也是浪费，如与供应商良好的关系使得企业可以最优化库存）；但是，其并没有足够的资源储备来应对系统性风险所带来的对某些特定资源短缺的挑战。疫情之下，有的企业稀缺的可能是资金；有的企业稀缺的可能是人力；有的企业稀缺的可能是原材料。例如，疫情发生后，由于消费者线上购买的需求量激增，导致盒马鲜生面临严重的用工压力，即使盒马自身的员工牺牲掉原本正常的排班和休息之后也难以应对消费者的需求。随后盒马提出了“共享员工”的概念，57 度湘、茶颜悦色、蜀大侠、望湘园等著名餐饮企业积极与盒马达成合作[②]。这就是企业跳出固有利益同盟之外寻找到资源的例子。而越是困于固定的互惠交换关系中，企业在系统性危机之下，也就会显得越发脆弱。

第三，挤出非关联利益相关者的支持。互惠型社会责任战略会强化企业的圈子文化，使得企业与其有利益交换关系的群体之间的联系加强；相应地，企业就会疏远与其没有利益交互联系的群体。特别是，互惠型社会责任战略会导致利益相关者之间诉求满足的不公平，也就是企业显然不能满足所有的诉求。那么，当

---

① 资料来源：http://finance.sina.com.cn/stock/relnews/us/2020-04-03/doc-iimxxsth3552062.shtml。

② 资料来源：https://baijiahao.baidu.com/s?id=1658294168281800242&wfr=spider&for=pc。

企业忽视一部分利益相关者的诉求而使得这些诉求无法得到满足，必然会招致一部分利益相关者的不满，而限制企业在面临危机时所可能获得的支持。互惠型社会责任战略的一大弊端就在于封闭性和排他性，那些与企业在正常商业活动中没有联系及被企业忽略的群体不会全心全意地支持和帮助企业克服所面临的困难。

综上所述，当前企业履行社会责任的目的主要聚焦于构建与利益相关者之间的直接互惠关系，专注于挖掘企业如何履行社会责任能够获得利益相关者更大的支持。然而，依赖企业与利益相关者之间的直接互惠关系难以形成高韧性的组织。因此，我们提出从间接互惠机制角度出发构建企业社会责任战略是增强组织韧性的必然选择。

8.3　间接互惠、利他型企业社会责任与高组织韧性

8.3.1　间接互惠与高韧性组织

现有企业社会责任领域的研究焦点主要局限在企业与利益相关者之间的直接互惠机制上，忽视了间接互惠机制对构建企业命运共同体从而增强组织韧性的重要性。例如，新西兰的一家巧克力公司每年举办“巧克力豆奔跑大赛”，将出售巧克力豆的钱全部捐给慈善机构用以救助绝症儿童或者无家可归的孩子和老人。而当该公司 2017 年因资金断裂宣布倒闭时，当地人及国外人纷纷捐款共筹集到 1 500 万元将公司救活[①]。显然，如果企业通过履行社会责任能够激活、建立与广泛的利益相关者之间的间接互惠关系，这一机制将显著提高组织韧性。

社会交换指的是当一方付出之后会获得另一方的回报（Blau，1964）。传统上的社会交换理论强调行动者之间的直接互惠关系，即行动者 A 会帮助曾经给予自己帮助的行动者 B（Cropanzano and Mitchell，2005；Cropanzano et al.，2017）。然而，行动者之间的关系也会导致间接互惠的发生（Westphal et al.，2012；Khadjavi，2017），即行动者 A 帮助行动者 B 之后，行动者 C 会帮助行动者 A。因此，间接互惠又被称为第三方利他，强调第三方在看到第一方帮助另一方时，会主动加入这一互动之中去帮助第一方（Simpson and Willer，2008）。对比直接互惠关系，间

① 资料来源：https://www.sohu.com/a/151518970_737279。

接互惠关系下施惠方所能得到的帮助是不确定的（不确定帮助从何而来，而不是不确定会不会得到帮助）。这种帮助的不确定性反而是构成韧性的最核心来源。应对系统性风险，企业最需要的就是掌握得到不确定性帮助的核心能力。

从间接互惠机制出发，Jia 等（2019）在文章中对此进行了初步探索。虽然我们没有直接提出组织韧性的概念，但是我们将企业与地方政府官员之间的关系看成是一种间接互惠网络。企业通过慈善捐赠帮助社会，从而使得企业在需要融资或者投资的时候有更多政府官员提供支持（如到企业视察），最终帮助公司获得更多的投资机会。间接互惠关系能够将企业与更为广阔的社会群体联系起来，从而建立起更为广泛的网络关系而增强组织韧性。

8.3.2　利他型社会责任战略和间接互惠机制

构建具有高韧性的组织，希望在于建立间接互惠机制，这就需要企业恰当地履行社会责任。企业与社会群体之间的间接互惠机制如图 8-3 所示。我们认为如果企业基于利他动机（持续地）帮助某些社会群体，那么，当企业面临危机时，不仅可能会从其他直接相关的社会群体获得支持（直接互惠），更为重要的是还会从其他无关的第三方社会群体获得支持与回报（间接互惠）。这一点，对于应对系统性危机至关重要。

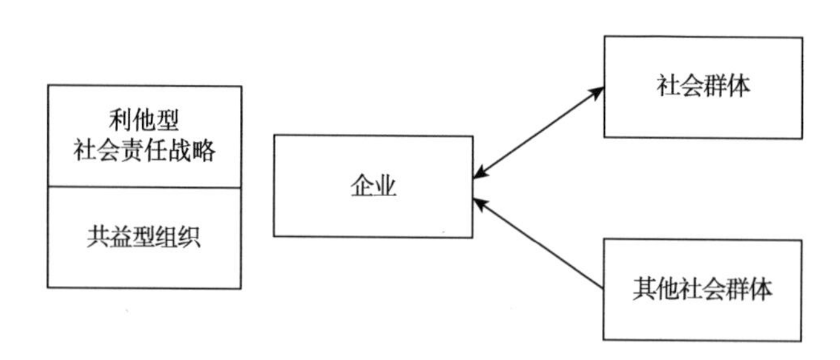

图 8-3　企业与社会群体之间的间接互惠

第一，激活更广泛的社会资源网络。相对于直接的交换关系，间接互惠能够吸引、触发与企业并没有直接关系的其他社会群体加入进来给予企业支持与回馈。这种网络的拓展性使得企业在面对各种危机时可能得到意料之外的支持。

第二，释放不计回报的支持。在间接互惠模式下，社会群体给予企业回馈的动机是利他性的，这就保证了社会群体在投入资源支持企业的时候并不期待回报，那么就更能淡化功利性的考量，使得这些社会群体能够给予更全面的支持去帮助企业度过危机。

第三，保证资源投入的可持续性。命运共同体使得掌握资源的一方在间接互惠机制的触发下会持续性提供支持，甚至会不计成本、舍弃个体利益而维护企业的生存。这种巨大的力量不是互惠型交换关系所能达到的，只能依靠间接互惠，通过企业的利他精神才能激发其他群体资源投入的持续性。

因此，企业由传统互惠型社会责任的模式转变为利他型社会责任的模式将极大提高组织韧性，即企业履行社会责任需要满足不同利益相关者的诉求，并且能够让利益相关者感受到真诚。构建高韧性的组织就需要企业积极履行社会责任进而建立间接互惠机制，主要体现为以下两方面。

第一，对内真诚，即对内社会责任强调对待直接利益相关者（如员工、消费者）要真诚且可持续，淡化功利化的思想，保持行动的一致性。通过对内真诚提高组织韧性、防范海外投资风险，首先要从观念、思想、心理等方面唤起企业家对海外社会责任的正确认识，抛弃“成本-收益”观念，培养商业向善的科学理念与内涵，激发企业自身履行利他型社会责任的内生动力。为此，应充分发挥政府的积极引领作用，提高企业相关人员的政治意识、海外社会责任意识。同时，充分发挥企业家的模范带头作用，重视利他型社会责任，关注企业海外直接利益相关者的诉求。

第二，对外利他，即对外社会责任要强调公益性、利他，不求回报（如参与到与企业业务无关的公益性项目中）。相对于直接的交换关系，利他型社会责任不仅建立了自身行为的利他性，也保证了社会群体给予企业回馈的动机也是利他性的。这就使得企业不仅能够获得其他社会群体的帮助，而且能够获得社会群体不计回报的支持，从而保证资源投入的持续性而能够帮助企业度过系统性危机。对外利他是企业通过社会责任的方式获得其他社会群体支持的有效途径，是企业提高组织韧性以应对海外投资风险不可缺少的重要组成方式。

例如，深圳传音控股股份有限公司（简称传音）主要从事以手机为核心的智能终端的设计、生产和销售，主要产品为 TECNO、itel 和 Infinix 三大品牌手机，销售区域主要集中在非洲、南亚、东南亚、中东和南美等海外地区[①]。传音积极履行海外社会责任，十分注重满足当地消费者的需求，基于非洲人民对音乐的喜爱，开发了音乐流媒体平台 Boomplay Music；同时，针对非洲人肤色较深使得手机拍照难以准确识别及非洲运营商之间结算成本高昂等问题，传音专门设计了相应的手机镜头及四卡四待，从而有效解决了非洲消费者的顾虑。除了通过履行传统互惠型社会责任获得消费者认可之外，传音还积极承担利他型社会责任，开展行业人才培养，并定期推进当地公益。特别是，2021 年，传音携旗下手机品牌 TECNO 支持联合国难民署全球教育项目——教育一个孩子（Educate A Child，EAC），帮

① 资料来源：https://www.cnstock.com/roadshow/rdzxbd/201909/4431894.htm。

助非洲难民儿童改善教育条件，获得更多受教育机会[①]。经过这一系列社会责任实践，传音在非洲逐渐站稳脚跟，市场占有率高达 52.5%，排名第一[②]。

8.4 本章小结

中国有句古话：“施人恩惠，勿记于心。”这句话给我们的启示就在于企业履行社会责任，帮助社会群体，不要想着回报，要放弃功利性社会责任的思维模式，抛弃用“投入–产出”的模式来评价社会责任的作用。越来越多的学者和企业家认识到推动商业向善发展的重要性，我们则从组织韧性的角度提出商业向善的重要意义，这也与“一带一路”倡议中互利共赢的思想相统一。

① 资料来源：https://xueqiu.com/1864387183/181681845。

② 资料来源：https://3g.163.com/money/article/FHDKEN9904249CUG.html。

参考文献

毕茜，彭珏，左永彦. 2012. 环境信息披露制度、公司治理和环境信息披露[J]. 会计研究，（7）：39-47，96.

曹亚勇，刘计含，王建琼. 2013. 企业社会责任与融资效率[J]. 软科学，27（9）：51-54.

曹仰峰. 2020. 组织韧性：如何穿越危机持续增长[M].北京：中信出版集团.

陈建军，胡晨光. 2008. 产业集聚的集聚效应——以长江三角洲次区域为例的理论和实证分析[J]. 管理世界，（6）：68-83.

陈峻，杨旭东，张志宏. 2016. 环境不确定性、企业社会责任与审计收费[J]. 审计研究，（4）：61-66.

崔新健. 2007. 跨国公司社会责任的概念框架[J]. 世界经济研究，（4）：64-68，88.

傅超，吉利. 2017. 诉讼风险与公司慈善捐赠——基于"声誉保险"视角的解释[J]. 南开管理评论，20（2）：108-121.

高勇强，陈亚静，张云均. 2012. "红领巾"还是"绿领巾"：民营企业慈善捐赠动机研究[J]. 管理世界，（8）：106-114，146.

顾雪松，韩立岩，周伊敏. 2016. 产业结构差异与对外直接投资的出口效应——"中国-东道国"视角的理论与实证[J]. 经济研究，51（4）：102-115.

国家发展改革委，外交部，商务部. 2015-03-29. 推动共建丝绸之路经济带和21世纪海上丝绸之路的愿景与行动[N]. 人民日报（04）.

韩峰，李玉双. 2019. 产业集聚、公共服务供给与城市规模扩张[J]. 经济研究，54（11）：149-164.

胡必亮，聂莹，刘倩，等. 2018. 综述"一带一路"[M]. 北京：中国大百科全书出版社.

贾明，童立，张喆. 2016. 高管激励影响公司环境污染行为吗？[J]. 管理评论，28（2）：149-165，174.

贾明，张喆. 2010. 高管的政治关联影响公司慈善行为吗[J]. 管理世界，（4）：99-113，187.

贾兴平，刘益. 2014. 外部环境、内部资源与企业社会责任[J]. 南开管理评论，17（6）：13-18，52.

李国平，韦晓茜. 2014. 企业社会责任内涵、度量与经济后果——基于国外企业社会责任理论的研究综述[J]. 会计研究，（8）：33-40，96.

李海芹，张子刚. 2010. CSR对企业声誉及顾客忠诚影响的实证研究[J]. 南开管理评论，13（1）：90-98.

李磊，冼国明，包群. 2018. "引进来"是否促进了"走出去"？——外商投资对中国企业对外直接投资的影响[J]. 经济研究，53（3）：142-156.

李祥进，杨东宁，徐敏亚，等. 2012. 中国劳动密集型制造业的生产力困境——企业社会责任的视角[J]. 南开管理评论，15（3）：122-130.
李业. 2000. 企业生命周期的修正模型及思考[J].南方经济，（2）：47-50.
李正. 2006. 企业社会责任与企业价值的相关性研究——来自沪市上市公司的经验证据[J]. 中国工业经济，（2）：77-83.
梁建，陈爽英，盖庆恩. 2010. 民营企业的政治参与、治理结构与慈善捐赠[J]. 管理世界，（7）：109-118.
刘恩专. 1999. 论跨国公司的社会责任[J]. 国际贸易问题，（3）：24-29，51.
刘伟，刘勇. 2017. 一带一路区域与国别经济比较研究[M]. 北京：北京大学出版社.
刘祥. 2018. “一带一路”倡议下中国企业“走出去”[M]. 北京：中国经济出版社.
刘远，周祖城. 2015. 员工感知的企业社会责任、情感承诺与组织公民行为的关系——承诺型人力资源实践的跨层调节作用[J]. 管理评论，27（10）：118-127.
龙涛，于汶加，倪善芹，等. 2017. “一带一路”油气资源知多少？[J]. 中国地质，44（4）：820-822.
吕承超，商圆月. 2017. 高技术产业集聚模式与创新产出的时空效应研究[J]. 管理科学，30（2）：64-79.
毛洪涛，何熙琼，苏朦. 2014. 呈报格式、个人能力与管理会计信息决策价值：一项定价决策的实验研究[J]. 会计研究，（7）：67-74，97.
朴英姬. 2017. 跨国石油公司社会责任与尼日利亚的可持续发展[J]. 西亚非洲，（1）：113-138.
钱明，徐光华，沈弋，等. 2017. 民营企业自愿性社会责任信息披露与融资约束之动态关系研究[J]. 管理评论，29（12）：163-174.
邵朝对，苏丹妮. 2019. 产业集聚与企业出口国内附加值：GVC 升级的本地化路径[J]. 管理世界，35（8）：9-29.
沈洪涛. 2007. 公司特征与公司社会责任信息披露——来自我国上市公司的经验证据[J]. 会计研究，（3）：9-16，93.
沈洪涛，冯杰. 2012. 舆论监督、政府监管与企业环境信息披露[J]. 会计研究，（2）：72-78，97.
沈艳，蔡剑. 2009. 企业社会责任意识与企业融资关系研究[J]. 金融研究，（12）：127-136.
苏丹妮，盛斌，邵朝对，等. 2020. 全球价值链、本地化产业集聚与企业生产率的互动效应[J]. 经济研究，55（3）：100-115.
孙伟，周瑶. 2012. 企业社会责任信息披露与资本市场信息不对称关系的实证研究[J]. 中国管理科学，20（S2）：889-893.
唐金荣，张涛，周平，等. 2015. “一带一路”矿产资源分布与投资环境[J]. 地质通报，34（10）：1918-1928.
田敏，李纯青，萧庆龙. 2014. 企业社会责任行为对消费者品牌评价的影响[J]. 南开管理评论，17（6）：19-29.
田巍，余淼杰. 2012. 企业生产率和企业“走出去”对外直接投资：基于企业层面数据的实证研究[J]. 经济学（季刊），11（2）：383-408.
王碧珺，谭语嫣，余淼杰，等. 2015. 融资约束是否抑制了中国民营企业对外直接投资[J]. 世界经济，38（12）：54-78.
王兵，聂欣. 2016. 产业集聚与环境治理：助力还是阻力——来自开发区设立准自然实验的证据[J]. 中国工业经济，（12）：75-89.

王建明. 2008. 环境信息披露、行业差异和外部制度压力相关性研究——来自我国沪市上市公司环境信息披露的经验证据[J]. 会计研究，(6)：54-62，95.

王娟，张喆，贾明. 2017. 员工感知的企业社会责任与反生产行为：基于亲社会动机和内在动机的视角[J]. 预测，36(5)：8-14，23.

王思敏，朱玉杰. 2010. 公司危机的传染效应与竞争效应——以国美事件为例的小样本实证研究[J]. 中国软科学，(7)：134-141.

王秀丽. 2015. 跨国公司社会责任战略选择机制研究[D]. 中央财经大学博士学位论文.

王永钦，杜巨澜，王凯. 2014. 中国对外直接投资区位选择的决定因素：制度、税负和资源禀赋[J]. 经济研究，49(12)：126-142.

温淼. 2013. 跨国公司企业社会责任的动因阐释[D]. 浙江大学硕士学位论文.

温素彬，方苑. 2008. 企业社会责任与财务绩效关系的实证研究——利益相关者视角的面板数据分析[J]. 中国工业经济，(10)：150-160.

吴小节，谭晓霞，汪秀琼，等. 2019. 新兴市场跨国公司国际扩张：知识框架与研究综述[J]. 南开管理评论，22(6)：99-113，199.

谢仁友. 2016. 第十届全国语文辞书学术研讨会综述[J]. 辞书研究，(1)：88-92.

徐莉萍，辛宇，祝继高. 2011. 媒体关注与上市公司社会责任之履行——基于汶川地震捐款的实证研究[J]. 管理世界，(3)：135-143，188.

阎大颖，洪俊杰，任兵. 2009. 中国企业对外直接投资的决定因素：基于制度视角的经验分析[J]. 南开管理评论，12(6)：135-142，149.

杨连星，刘晓光，张杰. 2016. 双边政治关系如何影响对外直接投资——基于二元边际和投资成败视角[J]. 中国工业经济，(11)：56-72.

杨仁发. 2013. 产业集聚与地区工资差距——基于我国269个城市的实证研究[J]. 管理世界，(8)：41-52.

殷红. 2017. 制度环境、公共压力与跨国公司子公司社会责任信息披露[J]. 财会月刊，(26)：43-50.

尹开国，刘小芹，陈华东. 2014. 基于内生性的企业社会责任与财务绩效关系研究——来自中国上市公司的经验证据[J]. 中国软科学，(6)：98-108.

俞毅. 2006. 论跨国公司直接投资的社会责任[J]. 国际经济合作，(12)：18-20.

张吉鹏，衣长军. 2020. 华侨华人网络对中国跨国企业海外子公司生存绩效的影响：以“一带一路”沿线国家为例[J]. 上海经济，(3)：50-61.

张敏，马黎珺，张雯. 2013. 企业慈善捐赠的政企纽带效应——基于我国上市公司的经验证据[J]. 管理世界，(7)：163-171.

张兆国，靳小翠，李庚秦. 2013. 企业社会责任与财务绩效之间交互跨期影响实证研究[J]. 会计研究，(8)：32-39，96.

赵宇新. 2017. 推动社会组织参与“一带一路”建设[J]. 社会治理，(8)：43-51.

中国企业联合会课题组，刘兴国. 2020. 中国制造业500强企业受疫情影响分析报告[J]. 中国经济报告，(2)：87-96.

中国商务部国际贸易经济合作研究院，中国国务院国有资产监督管理委员会研究中心，联合国开发计划署驻华代表处. 2018. 2017 中国企业海外可持续发展报告[R]. http://images.mofcom.

gov.cn/csr/201708/20170808152340022.pdf.
钟宏武，叶柳红，张蒽. 2017. 企业社会责任蓝皮书中资企业海外社会责任研究报告（2016～2017）：“一带一路”倡议下的责任共同体[M]. 北京：社会科学文献出版社.
周延风，罗文恩，肖文建. 2007. 企业社会责任行为与消费者响应——消费者个人特征和价格信号的调节[J]. 中国工业经济，（3）：62-69.
周祖城. 2011. 走出企业社会责任定义的丛林[J]. 伦理学研究，（3）：52-58.
周祖城，张漪杰. 2007. 企业社会责任相对水平与消费者购买意向关系的实证研究[J]. 中国工业经济，（9）：111-118.
朱文忠. 2007. 跨国公司企业社会责任国别差异性的原因与对策[J]. 国际经贸探索，（5）：76-80.
朱梓烨，王高峰. 2015. 第三次对外开放：“一带一路”框架下中国企业海外布局与风险管控[M]. 北京：石油工业出版社.
宗芳宇，路江涌，武常岐. 2012. 双边投资协定、制度环境和企业对外直接投资区位选择[J]. 经济研究，47（5）：71-82，146.
Agle B R，Mitchell R K，Sonnenfeld J A. 1999. Who matters to CEOs? An investigation of stakeholder attributes and salience，corporate performance，and CEO values[J]. Academy of Management Journal，42（5）：507-525.
Agnihotri A，Bhattacharya S. 2019. Communicating CSR practices-role of internationalization of emerging market firms[J]. Journal of Marketing Communications，25（4）：365-384.
Aguinis H，Glavas A. 2012. What we know and don’t know about corporate social responsibility：a review and research agenda[J]. Journal of Management，38（4）：932-968.
Alcácer J，Chung W. 2007. Location strategies and knowledge spillovers[J]. Management Science，53（5）：760-776.
Andrew J，Baker M. 2020. Corporate social responsibility reporting：the last 40 years and a path to sharing future insights[J]. Abacus，56（1）：35-65.
Archimi C S，Reynaud E，Yasin H M，et al. 2018. How perceived corporate social responsibility affects employee cynicism：the mediating role of organizational trust[J]. Journal of Business Ethics，151：907-921.
Arthaud-Day M L. 2005. Transnational corporate social responsibility：a tri-dimensional approach to international CSR Research[J]. Business Ethics Quarterly，15（1）：1-22.
Ashcraft K L，Kuhn T R，Cooren F. 2009. Constitutional amendments：“materializing” organizational communication[J]. The Academy of Management Annals，3（1）：1-64.
Aupperle K E，Carroll A B，John D H. 1985. An empirical examination of the relationship between corporate social responsibility and profitability[J]. Academy of Management Journal，28（2）：446-463.
Bansal P. 2005. Evolving sustainably：a longitudinal study of corporate sustainable development[J]. Strategic Management Journal，26（3）：197-218.
Bansal P，Jiang G F，Jung J C. 2015. Managing responsibly in tough economic times：strategic and tactical CSR during the 2008—2009 global recession[J]. Long Range Planning，48（2）：69-79.
Bansal P，Roth K. 2000. Why companies go green：a model of ecological responsiveness[J]. Academy

of Management Journal，43（4）：717-736.

Barnett M L，Salomon R M. 2006. Beyond dichotomy：the curvilinear relationship between social responsibility and financial performance[J]. Strategic Management Journal，27（11）：1101-1122.

Bartlett C A，Ghoshal S. 2002. Managing Across Borders：The Transnational Solution[M]. Boston：HBS Press.

Beugelsdijk S，Mudambi R. 2013. MNEs as border-crossing multi-location enterprises：the role of discontinuities in geographic space[J]. Journal of International Business Studies，44（5）：413-426.

Bhattacharyya S S. 2010. Exploring the concept of strategic corporate social responsibility for an integrated perspective[J]. European Business Review，22（1）：82-101.

Blau P M. 1964. Social Exchange Theory[M]. New York：Wiley，3：62.

Brammer S，Millington A. 2005. Corporate reputation and philanthropy：an empirical analysis[J]. Journal of Business Ethics，61（1）：29-44.

Brammer S，Pavelin S. 2004. Building a good reputation[J]. European Management Journal，22（6）：704-713.

Brown W O，Helland E，Smith J K. 2006. Corporate philanthropic practices [J]. Journal of Corporate Finance，12（5）：855-877.

Callarisa Fiol L J，Bigne A E，Moliner T M A，et al. 2009. Customer loyalty in clusters：perceived value and satisfaction as antecedents[J]. Journal of Business-to-Business Marketing，16（3）：276-316.

Campbell J L. 2007. Why would corporations behave in social responsible ways? An institutional theory of corporate social responsibility[J]. Academy of Management Review，32（3）：946-967.

Campbell J T，Eden L，Miller S R. 2012. Multinationals and corporate social responsibility in host countries：does distance matter[J]. Journal of International Business Studies，43（1）：84-106.

Cano-Kollmann M，Cantwell J，Hannigan T J，et al. 2016. Knowledge connectivity：an agenda for innovation research in international business[J]. Journal of International Business Studies，47（3）：255-262.

Cantwell J，Dunning J H，Lundan S M. 2010. An evolutionary approach to understanding international business activity：the co-evolution of MNEs and the institutional environment[J]. Journal of International Business Studies，41（4）：567-586.

Carrigan M，Ahmad A. 2001. The myth of the ethieal consumer do ethies matter in purchase behaviour[J]. Journal of Consumer Marketing，18（7）：560-578.

Carroll A B. 1979. A three-dimensional conceptual model of corporate performance[J]. Academy of Management Review，4（4）：497-505.

Carroll A B. 1999. Corporate social responsibility evolution of a definitional construct[J]. Business and Society，38（3）：268-295.

Carroll A B. 2004. Managing ethically with global stakeholders：a present and future challenge[J]. Academy of Management Executive，18（2）：114-120.

Chang S C. 2005. The dynamic interactions among foreign direct investment，economic growth，exports and unemployment：evidence from Taiwan[J]. Economic Change and Restructuring，

38（3）：235-256.
Chang S J, Park S. 2005. Types of firms generating network externalities and MNCs' co-location decisions[J]. Strategic Management Journal，26（7）：595-615.
Charles F, Mark S. 1990. What's in a name? Reputation building and corporate strategy[J]. Academy of Management Journal，33（2）：233-258.
Cheng B，Ioannou I，Serafeim G. 2014. Corporate social responsibility and access to finance[J]. Strategic Management Journal，35（1）：1-23.
Cheng J L C，Birkinshaw J，Lessard D R，et al. 2014. Advancing interdisciplinary research：insights from the JIBS special issue[J]. Journal of International Business Studies，45（6）：643-648.
Choi J，Wang H. 2009. Stakeholder relations and the persistence of corporate financial performance[J]. Strategic Management Journal，30（8）：895-907.
Christmann P. 2004. Multinational companies and the natural environment：determinants of global environmental policy standardization[J]. Academy of Management Journal，47（5）：747-760.
Christmann P，Taylor G. 2001. Globalization and the environment：determinants of firm self-regulation in China[J]. Journal of International Business Studies，32（3）：439-458.
Chung W, Alcácer J. 2002. Knowledge seeking and location choice of foreign direct investment in the United States[J]. Management Science，48（12）：1534-1554.
Clark J M. 1916. The changing basis of economic responsibility[J]. Journal of Political Economy，24（3）：209-229.
Coffey B S，Wang J. 1998. Board diversity and managerial control as predictors of corporate social performance[J]. Journal of Business Ethics，17（14）：1595-1603.
Cooren F，Kuhn T，Cornelissen J P，et al. 2011. Communication，organizing and organization：an overview and introduction to the special issue[J]. Organization Studies，32（9）：1149-1170.
Corredoira R A，Mcdermott G A. 2014. Adaptation，bridging and firm upgrading：how non-market institutions and MNCs facilitate knowledge recombination in emerging markets[J]. Journal of International Business Studies，45（6）：699-722.
Cropanzano R, Anthony E L, Daniels S R, et al. 2017. Social exchange theory：a critical review with theoretical remedies[J]. Academy of Management Annals，11（1）：479-516.
Cropanzano R, Mitchell M S. 2005. Social exchange theory：an interdisciplinary review[J]. Journal of Management，31（6）：874-900.
Cuervo-Cazurra A，Genc M. 2008. Transforming disadvantages into advantages：developing-country mnes in the least developed countries[J]. Journal of International Business Studies，39（6）：957-979.
de Roeck K, El Akremi A, Swaen V. 2016. Consistency matters! How and when does corporate social responsibility affect employees' organizational identification？[J]. Journal of Management Studies，53（7）：1141-1168.
de Roeck K, Marique G, Stinglhamber F，et al. 2014. Understanding employees' responses to corporate social responsibility：mediating roles of overall justice and organizational identification[J]. International Journal of Human Resource Management，25（1）：91-112.

DesJardine M, Bansal P, Yang Y. 2019. Bouncing back: building resilience through social and environmental practices in the context of the 2008 global financial crisis[J]. Journal of Management, 45 (4): 1434-1460.

Dhaliwal D S, Li O Z, Tsang A, et al. 2011. Voluntary nonfinancial disclosure and the cost of equity capital: the initiation of corporate social responsibility reporting[J]. Accounting Review, 86(1): 59-100.

DiMaggio P J, Powell W W. 1983. The iron cage revisited: institutional isomorphism and collective rationality in organizational fields[J]. American Sociological Review, 48 (2): 147-160.

Donaldson T, Dunfee T W. 1999. Ties That Bind: A Social Contracts Approach to Business Ethics[M]. Boston: Harvard Business School Press.

Drumwright M E. 1996. Company advertising with a social dimension: the role of noneconomic criteria[J]. Journal of Marketing, 60 (4): 71-87.

Dunning J H. 1981. International Production and the Multinational Enterprise[M]. London: Allen & Unwin.

Durand R, Jacqueminet A. 2015. Peer conformity, attention, and heterogeneous implementation of practices in MNEs[J]. Journal of International Business Studies, 46 (8): 917-937.

Du S, Bhattacharya C B, Sen S. 2007. Reaping relational rewards from corporate social responsibility: the role of competitive positioning[J]. International Journal of Research in Marketing, 24 (3): 224-241.

Du S, Bhattacharya C B, Sen S. 2010. Maximizing business returns to corporate social responsibility (CSR): the role of CSR communication[J]. International Journal of Management Reviews, 12 (1): 8-19.

Dyreng S D, Mayew W J, Williams C D. 2012. Religious social norms and corporate financial reporting[J]. Journal of Business Finance & Accounting, 39 (7/8): 845-875.

EI Ghoul S, Guedhami O, Kim Y. 2017. Country-level institutions, firm value, and the role of corporate social responsibility initiatives[J]. Journal of International Business Studies, 48 (3): 360-385.

Einwiller S, Ruppel C, Schnauber A. 2016. Harmonization and differences in CSR reporting of US and German companies: analyzing the role of global reporting standards and country-of-origin[J]. Corporate Communications: An International Journal, 21 (2): 230-245.

Eisenberg L, Noe T H. 2001. Systemic risk in financial systems[J]. Management Science, 47 (2): 236-249.

El Akremi A, Gond J P, Swaen V, et al. 2018. How do employees perceive corporate responsibility? Development and validation of a multidimensional corporate stakeholder responsibility scale[J]. Journal of Management, 44 (2): 619-657.

Elliott W B, Grant S M, Rennekamp K M. 2017. How disclosure features of corporate social responsibility reports interact with investor numeracy to influence investor judgments[J]. Contemporary Accounting Research, 34 (3): 1596-1621.

Elliott W B, Jackson K E, Peecher M E, et al. 2014. The unintended effect of corporate social responsibility performance on investors' estimates of fundamental value[J]. The Accounting Review，89（1）：275-302.

Ellison G，Glaeser E L，Kerr W. 2010. What causes industry agglomeration? Evidence from coagglomeration patterns[J]. American Economic Review，100（3）：1195-1213.

Erdogan B，Bauer T N，Taylor S. 2015. Management commitment to the ecological environment and employees：implications for employee attitudes and citizenship behaviors[J]. Human Relations，68（11）：1669-1691.

Ermann M D. 1978. The operative goals of corporate philanthropy：contributions to the public broadcasting service[J]. Social Problem，25（5）：505-514.

Eunice A A. 2014. Corporate social responsibility as a marketing strategy for enhanced performance in the nigerian banking industry：a granger causality approach[J]. Procedia-Social and Behavioral Sciences，164（31）：141-149.

Faccio M，Masulis R W，McConnell J J. 2006. Political connections and corporate bailouts[J]. Journal of Finance，61（6）：2597-2635.

Farooq O，Payaud M，Merunka D，et al. 2014. The impact of corporate social responsibility on organizational commitment：exploring multiple mediation mechanisms[J]. Journal of Business Ethics，125（4）：563-580.

Farooq O，Rupp D E，Farooq M. 2017. The multiple pathways through which internal and external corporate social responsibility influence organizational identification and multifoci outcomes：the moderating role of cultural and social orientations[J]. Academy of Management Journal，60（3）：954-985.

Fortanier F，Kolk A，Pinkse J. 2011. Harmonization in CSR reporting[J]. Management International Review，51（5）：665-696.

Frederick W C. 1960. The growing concern over business responsibility[J]. California Management Review，2（4）：54-61.

Freeman R E. 1984. Strategic Management：A Stakeholder Approach[M]. Boston：Pitman.

Friedman M. 1962. Capitalism and Freedom[M]. Chicago：University of Chicago Press.

Galaskiewicz J. 1997. An urban grants economy revisited：corporate charitable contributions in the Twin Cities，1979-81，1987-89[J]. Administrative Science Quarterly，42（3）：445-471.

Gao H，Yu T，Cannella A A. 2016. The use of public language in strategy：a multidisciplinary review and research agenda[J]. Journal of Management，42（1）：21-54.

Gaur A S，Kumar V，Singh D A. 2014. Institutions，resources，and internationalization of emerging economy firms[J]. Journal of World Business，49（1）：12-20.

Gaur A S，Ma X，Ding Z. 2018. Home country supportiveness/unfavorableness and outward foreign direct investment from China[J]. Journal of International Business Studies，49（3）：324-345.

Gifford B，Kestler A. 2008. Toward a theory of local legitimacy by mnes in developing nations：newmont mining and health sustainable development in Peru[J]. Journal of International Management，14（4）：340-352.

Glavas A，Kelley K. 2014. The effects of perceived corporate social responsibility on employee attitudes[J]. Business Ethics Quarterly，24（2）：165-202.

Godfrey P C. 2005. The relationship between corporate philanthropy and shareholder wealth：a risk management perspective[J]. Academy of Management Review，30（4）：777-798.

Gond J P，El Akremi A，Swaen V，et al. 2017. The psychological microfoundations of corporate social responsibility：a person-centric systematic review[J]. Journal of Organizational Behavior，38（2）：225-246.

Graves O F，Flesher D L，Jordan R E. 1996. Pictures and the bottom line：the television epistemology of U.S. annual reports[J]. Accounting，Organizations and Society，21（1）：57-88.

Greening D W，Gray B. 1994. Testing a model of organizational response to social and political issues[J]. Academy of Management Journal，37（3）：467-498.

Greenwood R，Díaz A M，Li S X，et al. 2010. The multiplicity of institutional logics and the heterogeneity of organizational responses[J]. Organization Science，21（2）：521-539.

Grinstein A，Riefler P. 2015. Citizens of the （green） world? Cosmopolitan orientation and sustainability[J]. Journal of International Business Studies，46（6）：694-714.

Grossman S J，Stiglitz J E. 1980. Stockholder unanimity in making production and financial decisions[J]. Quarterly Journal of Economics，94（3）：543-566.

Gugler P，Shi J Y J. 2009. Corporate Social responsibility for developing country multinational corporations：lost war in pertaining global competitiveness[J]. Journal of Business Ethics，87（1）：3-24.

Gully S M，Phillips J M，Castellano W G，et al. 2013. A mediated moderation model of recruiting socially and environmentally responsible job applicants[J]. Personnel Psychology，66（4）：935-973.

Gunderson L H，Pritchard Jr L. 2002. Resilience and the Behavior of Large-scale Systems[M]. Washington：Island Press.

Hales J，Kuang X，Venkataraman S. 2011. Who believes the hype? An experimental examination of how language affects investor judgments[J]. Journal of Accounting Research，49（1）：223-255.

Handelman J M，Arnold S J. 1999. The role of marketing actions with a social dimension：appeals to the institutional environment[J]. Journal of Marketing，63（3）：33-48.

Han Q，Jennings J E，Liu R，et al. 2019. Going home and helping out? Returnees as propagators of CSR in an emerging economy[J]. Journal of International Business Studies，50（6）：857-872.

Harris J，Bromiley P. 2007. Incentives to cheat：the influence of executive compensation and firm performance on financial misrepresentation[J]. Organization Science，18（3）：350-367.

Hemingway C A, Maclagan P W. 2004. Managers' personal values as drivers of corporate social responsibility[J]. Journal of Business Ethics，50（1）：33-44.

Henisz W J，Delios A. 2001. Uncertainty，imitation，and plant location：Japanese multinational corporations，1990—1996[J]. Administrative Science Quarterly，46（3）：443-475.

Hope O K，Thomas W，Vyas D. 2011. The cost of pride：why do firms from developing countries bid higher[J] Journal of International Business Studies，42（1）：128-151.

Hoskisson R E，Wright M，Filatotchev I，et al. 2013. Emerging multinationals from midrange economies：the influence of institutions and factor markets[J]. Journal of Management Studies，50（7）：1295-1321.

Husted B W，Allen D B. 2006. Corporate social responsibility in the multinational enterprise：strategic and institutional approaches[J]. Journal of International Business Studies，37（6）：838-849.

Ibrahim N A，Angelidis J P. 1995. The corporate social responsiveness orientation of board members：are there differences between inside and outside directors[J]. Journal of Business Ethics，14（5）：405-410.

Ioannou I，Serafeim G. 2012. What drives corporate social performance? The role of nation-level institutions[J]. Journal of International Business Studies，43（9）：834-864.

Ioannou I，Serafeim G. 2015. The impact of corporate social responsibility on investment recommendations：analysts' perceptions and shifting institutional logics[J]. Strategic Management Journal，36（7）：1053-1081.

Jamali D. 2008. Stakeholder approach to corporate social responsibility：a fresh perspective into theory and practice[J]. Journal of Business Ethics，82（1）：213-231.

Jia M，Xiang Y，Zhang Z. 2019. Indirect reciprocity and corporate philanthropic giving：how visiting officials influence investment in privately owned Chinese firms[J]. Journal of Management Studies，56（2）：372-407.

Jia M，Zhang Z. 2011. Agency costs and corporate philanthropic disaster response：the moderating role of women on two-tier boards-evidence from People's Republic of China[J]. The International Journal of Human Resource Management，22（9）：2011-2031.

Jia Y，Gao X，Julian S. 2020. Do firms use corporate social responsibility to insure against stock price risk? Evidence from a natural experiment[J]. Strategic Management Journal，41（2）：290-307.

Johnson O. 1966. Corporate philanthropy：an analysis of corporate contributions [J]. Journal of Business，39（4）：489-504.

Jones D A，Willness C R，Madey S. 2014. Why are job seekers attracted by corporate social performance? Experimental and field tests of three signal-based mechanisms[J]. Academy of Management Journal，57（2）：383-404.

Kahn W A，Barton M A，Fisher C M，et al. 2017. The geography of strain：organizational resilience as a function of intergroup relations[J]. Academy of Management Review，43（3）：509-529.

Karnani A. 2010. The case against corporate social responsibility[J]. Wall Street Journal，17（2）：1-5.

Kay J. 1993. Foundations of Corporate Success：How Business Strategies Add Value[M]. London：Oxford University Press.

Khadjavi M. 2017. Indirect reciprocity and charitable giving—evidence from a field experiment[J]. Management Science，63（11）：3708-3717.

Kim S. 2019. The process model of corporate social responsibility （CSR） communication：CSR communication and its relationship with consumers' csr knowledge，trust，and corporate reputation perception[J]. Journal of Business Ethics，154（4）：1143-1159.

Kleinert J，Toubal F. 2013. Production versus distribution-oriented FDI[J]. Review of World

Economics，149（3）：423-442.

Kolk A，Hong P，van Dolen W. 2010. Corporate social responsibility in China：an analysis of domestic and foreign retailers’ sustainability dimensions[J]. Business Strategy and the Environment，19（5）：289-303.

Kolk A，Pinkse J. 2010. The integration of corporate governance in corporate social responsibility disclosures[J]. Corporate Social Responsibility and Environmental Management，17（1）：15-26.

Kostova T，Roth K. 2002. Adoption of an organizational practice by subsidiaries of multinational corporations：institutional and relational effects[J]. Academy of Management Journal，45（1）：215-233.

Kostova T，Roth K，Dacin M T. 2008. Institutional theory in the study of multinational corporations：a critique and new directions[J]. Academy of Management Review，33（4）：994-1006.

Kostova T，Zaheer S. 1999. Organizational legitimacy under conditions of complexity：the case of the multinational enterprise[J]. Academy of Management Review，24（1）：64-81.

Kotz D M. 2009. The financial and economic crisis of 2008：a systemic crisis of neoliberal capitalism[J]. Review of Radical Political Economics，41（3）：305-317.

Kress G，van Leeuwen T. 1996. Reading Images：The Grammar of Visual Design[M]. London：Routledge.

Kuznetsov A，Kuznetsova O. 2014. Building professional discourse in emerging markets：language，context and the challenge of sense-making[J]. Journal of International Business Studies，45（5）：583-599.

Lee J，Parpart J L. 2018. Constructing gender identity through masculinity in CSR reports：the South Korean case[J]. Business Ethics：A European Review，27（4）：309-323.

Lepoutre J，Heene A. 2006. Investigating the impact of firm size on small business social responsibility：a critical review [J]. Journal of Business Ethics，67（3）：257-273.

Levis J. 2006. Adoption of corporate social responsibility codes by multinational companies[J]. Journal of Asian Economics，17（1）：50-55.

Li J，Fleury M T L. 2020. Overcoming the liability of outsidership for emerging market MNEs：a capability-building perspective[J]. Journal of International Business Studies，51（1）：23-37.

Li X，Zhang Y F，Sun L. 2018. Industry agglomeration，sub-national institutions and the profitability of foreign subsidiaries[J]. Management International Review，58（6）：969-993.

Lin C P. 2010. Modeling corporate citizenship, organizational trust, and work engagement based on attachment theory[J]. Journal of Business Ethics，94（4）：517-531.

Lockwood C，Giorgi S，Glynn M A. 2018. “How to do things with words”：mechanisms bridging language and action in management research[J]. Journal of Management，45（1）：7-34.

Lu J，Liu X，Wright M，et al. 2014. International experience and FDI location choices of chinese firms：the moderating effects of home country government support and host country institutions[J]. Journal of International Business Studies，45（4）：428-449.

Luo J，Kaul A，Seo H. 2018. Winning us with trifles：adverse selection in the use of philanthropy as insurance[J]. Strategic Management Journal，39（10）：2591-2617.

Luo X M, Bhattacharya C B. 2006. Corporate social responsibility, customer satisfaction, and market value[J]. Journal of Marketing, 70（4）: 1-18.

Luo X R, Wang D, Zhang J. 2017. Whose call to answer: institutional complexity and firms' CSR reporting[J]. Academy of Management Journal, 60（1）: 321-344.

Luo Y D, Tung L. 2007. International expansion of emerging market enterprises: a springboard perspective[J]. Journal of International Business Studies, 38（4）: 481-498.

Luo Y, Xue Q, Han B. 2010. How emerging market governments promote outward FDI: experience from China[J]. Journal of World Business, 45（1）: 68-79.

Luo Y, Zhang H. 2016. Emerging market MNEs: qualitative review and theoretical directions[J]. Journal of International Management, 22（4）: 333-350.

Maignan I. 2001. Consumers' perceptions of corporate social responsibilities: a cross-cultural comparison[J]. Journal of Business Ethics, 30（1）: 57-72.

Marano V, Tashman P, Kostova T. 2017. Escaping the iron cage: liabilities of origin and CSR reporting of emerging market multinational enterprises[J]. Journal of International Business Studies, 48（3）: 386-408.

Marquis C, Qian C. 2014. Corporate social responsibility reporting in China: symbol or substance[J]. Organization Science, 25（1）: 127-148.

Marshall A, Marshall M P. 1920. The Economics of Industry[M]. London: Macmillan and Company.

Mathews J A. 2006. Dragon multinationals: new players in 21st century globalization[J]. Asia Pacific Journal of Management, 23（2）: 5-27.

McWilliams A, Siegel D S, Wright P M. 2006. Corporate social responsibility: strategic implications[J]. Journal of Management Studies, 43（1）: 1-18.

Meyer R, Jancsary D, Höllerer M, et al. 2018. The role of verbal and visual text in the process of institutionalization[J]. Academy of Management Review, 43（3）: 392-418.

Milgrom P, Roberts J. 1986. Relying on the information of interested parties[J]. Rand Journal of Economics, 17（1）: 18-32

Miller S R, Eden L. 2006. Local density and foreign subsidiary performance[J]. Academy of Management Journal, 49（2）: 341-355.

Mishina Y, Dykes B J, Block E S, et al. 2010. Why "good" firms do bad things: the effects of high aspirations, high expectations, and prominence on the incidence of corporate illegality[J]. Academy of Management Journal, 53（4）: 701-722.

Mitchell R K, Agle B R, Wood D J. 1997. Toward a theory of stakeholder identification and salience: defining the principle of who and what really counts[J]. Academy of Management Review, 22（4）: 853-886.

Mithani M A. 2017. Liability of foreignness, natural disasters, and corporate philanthropy[J]. Journal of International Business Studies, 48（8）: 941-963.

Mitnick B M, Windsor D, Wood D J. 2020. CSR: undertheorized or essentially contested[J] Academy of Management Review, 46（3）: 623-629.

Mohr L A, Webb D J. 2005. The effects of corporate social responsibility and price on consumer responses[J]. Journal of Consumer Affairs, 39（1）：121-147.

Morsing M, Perrini F. 2009. CSR in SMEs：do SMEs matter for the CSR agenda[J]. Business Ethics：A European Review, 18（1）：1-6.

Moskowitz M. 1972. Choosing socially responsible stocks[J]. Business and Society Review, 1（1）：71-75.

Muller A, Kolk A. 2010. Extrinsic and intrinsic drivers of corporate social performance：evidence from foreign and domestic firms in Mexico[J]. Journal of Management Studies, 47（1）：1-26.

Murray K B, Vogel C M. 1997. Using a hierarchy of effects approach to gauge the effectiveness of csr to generate goodwill towards the firm：financial versus nonfinancial impacts[J]. Journal of Business Research, 38（2）：141-159.

Nelling E, Webb E. 2009. Corporate social responsibility and financial performance：the "virtuous circle" revisited[J]. Review of Quantitative Finance and Accounting, 32（2）：197-209.

Newenham-Kahindi A, Stevens C E. 2018. An institutional logics approach to liability of foreignness：the case of mining mnes in Sub-Saharan Africa[J]. Journal of International Business Studies, 49（7）：881-901.

Oh W Y, Chang Y K, Martynov A. 2011. The effect of ownership structure on corporate social responsibility：empirical evidence from Korea[J]. Journal of Business Ethics, 104（2）：283-297.

Olson E L. 2013. It's not easy being green：the effects of attribute tradeoffs on green product preference and choice[J]. Journal of the Academy of Marketing Science, 41（2）：171-184.

Orlitzky M, Swanson D L. 2002. Value attunement：toward a theory of socially responsible executive decision making[J]. Australian Journal of Management, 27（1）：119-128.

Ortiz-de-Mandojana N, Bansal P. 2016. The long-term benefits of organizational resilience through sustainable business practices[J]. Strategic Management Journal, 37（8）：1615-1631.

Pant P N, Lachman R. 1998. Value incongruity and strategic choice[J]. Journal of Management Studies, 35（2）：195-212.

Perrini F, Russo A, Tencati A. 2007. CSR strategies of SMEs and large firms：evidence from Italy[J]. Journal of Business Ethics, 74（3）：285-300.

Rämö H. 2011. Visualizing the phronetic organization：the case of photographs in CSR reports[J]. Journal of Business Ethics, 104（3）：371-387.

Rathert N. 2016. Strategies of legitimation：MNEs and the adoption of CSR in response to host-country institutions[J]. Journal of International Business Studies, 47（7）：858-879.

Ravi R, Jenny H. 2018. What is "Chinese" about Chinese multinationals[J]. Journal of International Business Studies, 49（1）：34-48.

Reid E M, Toffel M W. 2009. Responding to public and private politics：corporate disclosure of climate change strategies[J]. Strategic Management Journal, 30（11）：1157-1178.

Reimann F, Ehrgott M, Kaufmann L, et al. 2012. Local stakeholders and local legitimacy：MNEs' social strategies in emerging economies[J]. Journal of International Management, 18（1）：1-17.

Reimann F, Rauer J, Kaufmann L. 2015. MNE subsidiaries' strategic commitment to CSR in Emerging Economies：the role of administrative distance, subsidiary size, and experience in the

host country[J]. Journal of Business Ethics，132（4）：845-857.
Riefler P，Diamantopoulos A，Siguaw J A. 2012. Cosmopolitan consumers as a target group for segmentation[J]. Journal of International Business Studies，43（3）：285-305.
Rodrigo P，Arena D. 2008. Do employees care about csr programs? A typology of employees according to their attitudes[J]. Journal of Business Ethics，83（2）：265-283.
Roehm M L，Tybout A M. 2006. When will a brand scandal spill over and how should competitors respond[J]. Journal of Marketing Research，43（3）：366-373.
Rugman A M，Verbeke A. 1998. Corporate strategies and environmental regulations：an organizing framework[J]. Strategic Management Journal，19（4）：363-375.
Rui H，Yip G S. 2008. Foreign acquisitions by Chinese firms：a strategic intent perspective[J]. Journal of World Business，43（2）：213-226.
Sajko M，Boone C，Buyl T. 2020. CEO greed，corporate social responsibility，and organizational resilience to systemic shocks[J]. Journal of Management，47（4）：957-992.
Sapouna P，Manolopoulos D，Dimitratos P. 2016. How do MNC R&D laboratory roles affect employee international assignments[J]. Management International Review，56（5）：759-779.
Schill D. 2012. The visual image and the political image：a review of visual communication research in the field of political communication[J]. Review of Communication，12（2）：118-142.
Selmier Ⅱ W T，Newenham-Kahindi A，Oh C H. 2015. Understanding the words of relationships：language as an essential tool to manage CSR in communities of place[J]. Journal of International Business Studies，46（2）：153-179.
Sen S，Bhattacharya C B. 2001. Does doing good always lead to doing better? Consumer reactions to corporate social responsibility[J]. Journal of Marketing Research，38（5）：225-243.
Sharma S，Henriques I. 2005. Stakeholder influences on sustainability practices in the Canadian forest products industry[J]. Strategic Management Journal，26（2）：159-180.
Shen J，Dumont J，Deng X. 2018. Employees' perceptions of green HRM and non-green employee work outcomes：the social identity and stakeholder perspectives[J]. Group & Organization Management，43：594-622.
Shiu Y M，Yang S L. 2017. Does engagement in corporate social responsibility provide strategic insurance-like effects[J]. Strategic Management Journal，38（2）：455-470.
Simpson B，Willer R. 2008. Altruism and indirect reciprocity：the interaction of person and situation in prosocial behavior[J]. Social Psychology Quarterly，71（1）：37-52.
Slater D J，Dixon-Fowler H R. 2009. CEO international assignment experience and corporate soial performance [J]. Journal of Business Ethics，89（3）：473-489.
Smith Jr D F，Florida R. 1994. Agglomeration and industry location：an econometric analysis of Japanese-affiliated manufacturing establishments in automotive-related industries[J]. Journal of Urban Economics，36（1）：23-41.
Sofka W，Preto M T，de Faria P. 2014. MNC subsidiary closures：what is the value of employees' human capital in new jobs[J]. Journal of International Business Studies，45（6）：723-750.
Stallkamp M，Pinkham B C，Schotter A P J，et al. 2018. Core or periphery? The effects of

country-of-origin agglomerations on the within-country expansion of MNEs[J]. Journal of International Business Studies，49（8）：942-966.

Strike V M，Gao J，Bansal P. 2006. Being good while being bad：social responsibility and the international diversification of US firms[J]. Journal of International Business Studies，37（6）：850-862.

Strizhakova Y，Coulter R A. 2013. The "green" side of materialism in emerging BRIC and developed markets：the moderating role of global cultural identity[J]. International Journal of Research in Marketing，30（1）：69-82.

Tan D，Meyer K E. 2011. Country-of-origin and industry FDI agglomeration of foreign investors in an emerging economy[J]. Journal of International Business Studies，42（4）：504-520.

Tashman P，Marano V，Kostova T. 2019. Walking the walk or talking the talk? Corporate social responsibility decoupling in emerging market multinationals[J]. Journal of International Business Studies，50（2）：153-171.

Thyssen J，Hinrichs C. 2015. Online communication of CSR by Swedish MNEs：a multiple case study[D]. Master Thesis，University West.

Tong L，Wang H，Xia J. 2020. Stakeholder preservation or appropriation? The influence of target CSR on market reactions to acquisition announcements[J]. Academy of Management Journal，63（5）：1535-1560.

Torelli C J，Monga A B，Kaikati A M. 2012. Doing poorly by doing good：corporate social responsibility and brand concepts[J]. Journal of Consumer Research，38（5）：948-963.

UNCTAD. 2015. World investment report 2015：Global value chains：investment and trade for development[R]. New York and Geneva：United Nations Publications.

Vergne J P，Wernicke G，Brenner S. 2018. Signal incongruence and its consequences：a study of media disapproval and CEO overcompensation[J]. Organization Science，29（5）：796-817.

Vilanova M，Lozano J M，Arenas D. 2009. Exploring the nature of the relationship between CSR and competitiveness[J]. Journal of Business Ethics，87（1）：57-69.

Vishwanathan P，van Oosterhout H，Heugens P P，et al. 2020. Strategic CSR：a concept building meta-analysis[J]. Journal of Management Studies，57（2）：314-350.

Waddock S，Graves S B. 1997. The corporate social performance-financial performance link[J]. Strategic Management Journal，18（4）：303-327.

Wagner J. 2002. Contrasting images，complementary trajectories：sociology，visual sociology and visual research[J]. Visual Studies，17（2）：160-171.

Wagner T，Lutz R J，Weitz B A. 2009. Corporate hypocrisy：overcoming the threat of inconsistent corporate social responsibility perceptions[J]. Journal of Marketing，73（6）：77-91.

Waldman D A，de Luque M S，Washburn N，et al. 2006. Cultural and leadership predictors of corporate social responsibility values of top management：a globe study of 15 countries[J]. Journal of International Business Studies，37（6）：823-837.

Wang H，Gibson C，Zander U. 2020. Editors' comments：is research on corporate social responsibility undertheorized? [J]. Academy of Management Review，45（1）：1-6.

Wang H，Jia M，Zhang Z. 2021. Good deeds done in silence：stakeholder management and quiet giving by Chinese firms[J]. Organization Science，32（3）：649-674.

Wang H，Qian C. 2011. Corporate philanthropy and corporate financial performance：the roles of stakeholder response and political access[J]. Academy of Management Journal，54（6）：1159-1181.

Wang H，Tong L，Takeuchi R，et al. 2016. Corporate social responsibility：an overview and new research directions thematic issue on corporate social responsibility[J]. Academy of Management Journal，59（2）：534-544.

Watkins M B，Ren R，Umphress E E，et al. 2015. Compassion organizing：employees' satisfaction with corporate philanthropic disaster response and reduced job strain[J]. Journal of Occupational & Organizational Psychology，88：436-458.

Wei Y，Zheng N，Liu X，et al. 2014. Expanding to outward foreign direct investment or not? A multi-dimensional analysis of entry mode transformation of Chinese private exporting firms[J]. International Business Review，23（2）：356-370.

Westphal J D，Park S H，McDonald M L，et al. 2012. Helping other CEOs avoid bad press social exchange and impression management support among CEOs in communications with journalists[J]. Administrative Science Quarterly，57（2）：217-268.

White K，Simpson B. 2013. When do（and don't）normative appeals influence sustainable consumer behaviors[J]. Journal of Marketing，77（2）：78-95.

Witt M A，Lewin A Y. 2007. Outward foreign direct investment as escape response to home country institutional constraints[J]. Journal of International Business Studies，38（4）：579-594.

Wu Y，Zhang K，Xie J. 2020. Bad greenwashing，good greenwashing：corporate social responsibility and information transparency[J]. Management Science，66（7）：3095-3112.

Xia J，Ma X，Lu J W，et al. 2013. Outward foreign direct investment by emerging market firms：a resource dependence logic[J]. Strategic Management Journal，35（9）：1343-1363.

Young S L，Makhija M V. 2014. Firms' corporate social responsibility behavior：an integration of institutional and profit maximization approaches[J]. Journal of International Business Studies，45（6）：670-698.

Zaheer S. 1995. Overcoming the liability of foreignness[J]. Academy of Management Journal，38（2）：341-363.

Zenisek T J. 1979. Corporate social responsibility：a conceptualization based on organizational literature[J]. Academy of Management Review，4（3）：359-368.

Zhang J，Marquis C，Qiao K. 2016. Do political connections buffer firms from or bind firms to the government? A study of corporate charitable donations of Chinese firms[J]. Organization Science，27（5）：1307-1324.

Zhao M，Park S H，Zhou N. 2014. MNC strategy and social adaptation in emerging markets[J]. Journal of International Business Studies，45（7）：842-861.

后　记

越来越多的中国企业意识到履行海外社会责任的重要性，并积极加入社会责任实践。企业“走出去”之后，只有与东道国、母国、“一带一路”其他国家、西方国家等地区的关键利益相关者建立良好的关系，才能“走下去”；而积极与众多利益相关者沟通，关注社会责任信息的披露方式、时间和内容，才能实现最佳的沟通效果而获得更广泛的认可，“走进去”；最后，通过评估利益相关者的诉求满足水平，动态调整利益相关者的诉求结构，不断优化海外社会责任战略，才能更好地扩大企业的国际影响，实现“走上去”。

当然，面对全球商业环境的不断变化，尤其是面对复杂多变的经营环境和社会问题的日益凸现，跨国公司的经营战略也在不断调整，如何履行社会责任日益成为全球企业关注的焦点。2019 年，全球 181 家顶级公司的 CEO 重新定义了公司的宗旨——不仅仅为股东服务，更应该为所有的利益相关者服务。这标志着传统基于股东至上主义所构建的互惠型社会责任战略体系的弊端越来越引起广泛的关注，而强调企业需要将投资者以外的利益相关者纳入企业战略决策的重要考量中。

本书最后也提出跨国企业积极履行利他型社会责任，据此激活间接互惠机制而构建更为广泛的命运共同体，这能够给企业带来强大的组织韧性，其本质上就是鼓励企业迈向共益型组织。因此，未来企业发展的可行路径就在于通过利他型社会责任来激活更广泛的间接互惠关系，提升组织的韧性和可持续发展能力，最终实现向共益型组织的转变，实现商业和社会的共生发展。这也是“一带一路”倡议的体现：和谐包容、互利共赢。

习近平总书记在 2020 年 7 月的企业家座谈会上指出：“任何企业存在于社会之中，都是社会的企业。社会是企业家施展才华的舞台。只有真诚回报社会、切实履行社会责任的企业家，才能真正得到社会认可，才是符合时代要求的企业家。”[①]社会的认可能够激活间接互惠关系，这实际上就是企业强大韧性的根

---

① 资料来源：https://www.ccps.gov.cn/xxsxk/zyls/202007/t20200721_142450.shtml。

基，只有得到社会认可的企业才能够在危机中获得生机。跨国公司同样如此。

特别是，利他、向善的思想根植于中国的传统文化之中，独特的中国文化背景，使得中国企业海外社会责任区别于西方发达国家的企业社会责任，这一点需要更好地融入中国跨国企业的海外业务中。中国的传统文化中蕴含着丰富的“利他”“共益”思想，这为企业履行“利他型”社会责任、转向“共益”组织提供了广泛的思想支撑。

我们观察到，目前企业通过履行海外社会责任构建组织韧性还未引起重视，而这也是中国跨国企业独特的潜在优势。我们期待今后有关企业社会责任方面的实践能够与中国文化更紧密地联系在一起，构建起具有中国特色的企业海外社会责任体系，不断增强中国企业的海外韧性，实现可持续发展，并提升国际影响力，助力“一带一路”倡议行稳致远。